DICTIONNAIRE
DES VICES ET VERTUS

Direction éditoriale
Charlotte Ruffault

Direction artistique
Gérard Lo Monaco

Coordination
Hélène Teillon, Ilona Zanko

Auteur des mots
Véronique Fleurquin

Auteur de la théorie
Martine Laffon

Maquette
Caroline Buffet

Dessin de couverture
Rémi Saillard

DICTIONNAIRE DES VICES ET VERTUS

SYROS

Mode d'emploi

Ce dictionnaire propose trois lectures
pour entrer dans l'univers des caractères

. **273 caractères** sous la forme de définitions-portraits,
classés par ordre alphabétique, et pour enrichir
son vocabulaire, beaucoup d'autres caractères
synonymes ou voisins.

. **19 caractères** extraits de la littérature classique
ou contemporaine.

. **4 chapitres pour comprendre les caractères,
les comportements et la morale :**
Gentil ou méchant, bien ou mal ? Question de morale ! (p.63),
Les mêmes lois pour tous ! (p. 159), La réponse des philosophes
(p.233), Où est la vérité ? (p. 315).

Préface

En procession, bien alphabétiquement rangés, ils sont tous réunis (ou presque), comme dans la comédie humaine : le grognon derrière le gourmand, l'hypocrite devant l'hystérique. Gentils et méchants, tous les comportements étant dans la nature.

Le bien côtoie le mal. Chacun choisit : être bon ou mauvais, pour un moment ou pour toujours. Question de morale, dit Martine Laffon qui en connaît un bout sur la question puisqu'elle est philosophe. Et elle tente de répondre à nos questions : Est-ce ma faute si je suis méchant ? Qui décide ce qui est bien ou mal ? etc.

Radin, râleur, rebelle ou rêveur, à ce jeu de portrait chinois, chacun pourra choisir de se reconnaître ou de pointer son doigt sur le voisin. Et selon son humeur ouvrir le dictionnaire pour rire ou pour médire.

ACARIÂTRE

Vieille chouette hargneuse

Trois *a*, le dernier accentué par un accent circonflexe. Ah là là ! Ce caractère-là, ce n'est pas de la tarte ! Il vous cherche querelle pour des queues de cerises, vous semonce, vous tance, vous morigène. D'une humeur rugueuse, bilieuse, fielleuse, cet emmerdeur (il faut bien le dire) se montre désagréable, pas sociable, intraitable. Si encore on pouvait récurer les casseroles avec, l'acariâtre ferait cela à merveille. Mais demandez-lui ce service, pour voir ! Il vous envoie aussi sec vous faire voir.

ILS LUI RESSEMBLENT : *l'acerbe, l'acrimonieux, le revêche.*

ACCOMMODANT

Facile à vivre

Inutile, pour le séduire, de décrocher la lune. Avec cet aimable individu, rien ne pose problème. S'il débarque chez vous à l'improviste, il se satisfera d'un vieux reste de purée et d'un simple verre d'eau. Il dormira comme un bienheureux sur un matelas coincé sous la cage d'escalier. N'hésitez pas à déballer devant lui vos photos de famille : il manifestera un plaisir sincère et trouvera un charme insoupçonné à votre vieille tante revêche et moustachue. Son heureux caractère est ainsi fait que chacun trouve grâce à ses yeux.

ILS LUI RESSEMBLENT : *l'arrangeant, le conciliant.*

ACHARNÉ

Chien policier ou saint-bernard

Une chose est sûre : il a une volonté d'enfer. Il se cramponne à chaque situation comme un chien à son os. S'il court un marathon, mort ou vif, il ira jusqu'au bout. S'il veut votre bien, il y consacre une énergie farouche. S'il vous a pris en grippe, il vous harcèlera sans relâche. Amoureux, il vous inonde de déclarations enflammées. Jaloux, il traque inlassablement les indices de votre trahison. Pour le laisser tomber, il vous faudrait une obstination forcenée.

ILS LUI RESSEMBLENT : *l'opiniâtre, le tenace.*

AFFABLE

Au bon accueil

Son attitude est d'un confort absolu. Devant sa demeure, un auvent ravissant vous mène jusqu'à elle sans souci de la pluie. Sur sa porte, une couronne de bienvenue. Tirez la sonnette : un carillon enchanteur vous réjouit l'oreille. Elle apparaît aussitôt sur le seuil. Elle n'attendait que vous. À trois heures du matin ! Elle vous installe dans son meilleur fauteuil, ajoute un coussin pour vos reins, vous offre un verre. Laissez-vous aller. Elle vous écoutera pendant des heures. Souriante. Avenante. Bienveillante.

ILS LUI RESSEMBLENT : *l'aimable, l'amène.*

AFFABULATEUR

Collectionneur de chimères

L'esprit curieux qui soulèverait le couvercle de son crâne y découvrirait des scénarios à faire pâlir un auteur de science-fiction. Ce personnage-là vit au royaume de l'illusion. Dans sa tête, de folles aventures côtoient des rêves à dormir debout. Il se fait tout un cinéma à son propre sujet, finit par y croire dur comme fer, vit sa vie comme un roman. Avec lui, bien malin qui sait démêler le vrai du faux. Ses fables nous divertissent. Mais comment le croire, le jour où il a un cri du cœur, sincère, authentique, pas fabriqué ?

ILS LUI RESSEMBLENT : *le brodeur, le mythomane.*

AGITÉ

Une tornade

Il va, il vient, il court, il parle tout seul. Il s'affole, s'emballe, se tourmente, s'exalte. Il nous donne le tournis. On le voudrait plus posé, plus mesuré. On ose à peine le lui dire. Autant demander à la mer d'arrêter de faire des vagues ! On sent bien que ce mouvement perpétuel qui l'anime, c'est la vie. Certes, l'agité nous fatigue, nous inquiète, nous dérange. Mais on envie cette fièvre en lui, cette folie. Il a le charme prenant d'un bateau dans la tempête. À ses côtés, on se sent comme un nénuphar immobile au bord d'un étang.

ILS LUI RESSEMBLENT : *le fébrile, le nerveux.*

AGRESSIF

Boule de nerfs

Le comportement qui adore foncer dans le tas. À lui tout seul, il vous reconstitue une mêlée de rugby. Et que je t'envoie les poings dans tous les sens, et que je te décoche des coups de pied. On ne sait plus par quel bout le prendre. Lui non plus. Ce batailleur ignore pourquoi il est en guerre, et contre qui. Souvent, le conflit est en lui. Tout agité par cette guerre civile, il se débat comme un beau diable contre son environnement. Parfois, il fait juste semblant. C'est un provocateur. Il menace sa proie de son revolver en plastique pour qu'elle lui tombe – toute rôtie – dans les bras.

ILS LUI RESSEMBLENT : *le batailleur, le querelleur.*

AGUICHEUR

Accroche-cœur

Ce séducteur annonce clairement – trop clairement ? – la couleur. Ce rémouleur a bien aiguisé tous ses charmes. Il veut vous faire passer à la moulinette et – de là – à la casserole. Voyez son œil : il s'en lèche les babines d'avance, Il va vous croquer tout cru. Enfin, il veut ! Pour le succès de son entreprise, faut voir !

ILS LUI RESSEMBLENT : *l'allumeuse, le charmeur, le dragueur (fam.).*

– Ben... J'vas te dire. Curley est comme un tas de petits gars. Il aime pas ceux qui sont grands. Il passe son temps à se chamailler avec les grands types. Comme qui dirait que ça le met en rogne d'être pas grand lui-même. T'as bien connu des petits gars comme ça, pas vrai ? Tout le temps à se chamailler.

J. Steinbeck, *Des souris et des hommes*, traduction M. E. Coindreau, © Gallimard.

AIGRI

Quel rabat-joie !

Il vous coupe la bonne humeur sous le pied avec une implacabilité de tondeuse. C'est Cendrillon qui aurait raté la fin du film. Et qui cherche cette maudite pantoufle censée la métamorphoser en princesse. À quatre pattes sous ses serpillières, elle maugrée, maudit son sort. Tous ceux qui l'approchent subissent ses relents de vieille eau de vaisselle. Fée Carabosse, file dans ton carrosse cabossé. Tu nous déprimes. Tu vas finir par nous rendre méchants.

ILS LUI RESSEMBLENT : *le désabusé, le grincheux.*

ALTRUISTE

On est tous ses potes !

Pour lui, autrui, c'est son voisin de palier, son garagiste, les millions de petits Chinois, les tribus Bororos, le clodo du coin. Il lui vient même, parfois, l'envie de donner sa chemise au percepteur des impôts. Inouï ! Cet homme-là est un saint. Il arrive aussi qu'il ne se sente pas très pote avec lui-même. Alors, pour compenser, il devient l'ami du genre humain. Puisqu'il en fait partie, qui sait, il finira peut-être par s'aimer aussi ?

ILS LUI RESSEMBLENT : *le dévoué, le généreux.*

AMBITIEUX

Il voit grand

En principe, les deux jambes de l'ambitieux devraient le mener loin. Il a chaussé ses bottes de sept lieues et roule pleins phares vers un avenir radieux. La demi-mesure n'est pas son truc. Ce cordonnier se cantonne aux grandes pointures. Il sera ministre, académicien, homme d'affaires prospère... ou ne sera point. Quitte à écraser quelques orteils au passage. Certes, l'ambitieux ne fait pas toujours dans la dentelle mais il se donne les moyens de réussir.

ILS LUI RESSEMBLENT : *l'arriviste, le carriériste.*

ANTICONFORMISTE

Un original !

L'ennemi des fax et des photocopieuses.
Pourquoi ? Parce que ces appareils imbéciles sont juste capables d'émettre des
copies conformes. Pffft ! La belle affaire !
L'anticonformiste jette aux orties les
habits du dimanche, les relations de bon
voisinage, les danses folkloriques, les
hymnes nationaux, la recette du cassoulet
traditionnel. S'il reçoit le prix Nobel, ce
sera en pyjama, barbu, hirsute, mais il
peut tout aussi bien découper le jambon
avec des ciseaux à broder. Si sa quête
d'originalité ne vire pas à l'obsession, cet
hurluberlu est plutôt sympathique.

ILS LUI RESSEMBLENT : *l'excentrique, l'insubordonné.*

ANXIEUX

Quel personnage pathétique !

Le cœur de l'anxieux semble connecté à un mystérieux accélérateur. Le point mort, il ne connaît pas, ou mal. Son existence tourne en permanence à plein régime. Pour un peu, on entendrait gémir sa boîte de vitesses même lorsqu'il dort. Il s'agite d'ailleurs beaucoup la nuit. Il vit dix vies en une seule, talonné par la trouille de tout rater. Cela a quelque chose de harassant. Condamné au stress à perpétuité, l'anxieux a pourtant un atout dans sa manche : il existe plus intensément que le commun des mortels.

ILS LUI RESSEMBLENT : *l'angoissé, l'inquiet, le tourmenté.*

ARNAQUEUR

Escroc futé

Un filou qui trouve le moyen de vous faire filer doux tandis qu'il vous dévalise. Beaucoup plus discret qu'un braqueur de banques, il opère sans masque ni mitraillette. Comment s'y prend-il ? Mystère et boule de gomme. Vous vous apercevez toujours trop tard qu'il a raflé vos bonnes notes, piqué vos meilleurs amis, pris la plus grosse part de la galette. Ce qui agace, chez lui, c'est qu'on n'arrive pas à le détester vraiment. Comme certains méchants, dans les westerns. Leur culot nous épate. Ils nous détroussent, et, bon public, on applaudit !

ILS LUI RESSEMBLENT : *l'escroc, le filou.*

ARRIVISTE

Loup aux dents longues

Un cousin de l'ambitieux. Aussi décidé à réussir, mais moins bien intentionné. Les orteils, lui, il ne les écrase pas par inadvertance. Pour s'assurer la place d'honneur sur la ligne d'arrivée, c'est dès les starting-blocks que ce marathonien bouscule son entourage. Si l'ambitieux est un boxeur, l'arriviste s'adonne au catch. Pour grimper, il s'autorise tous les coups bas.

ILS LUI RESSEMBLENT : *le faiseur, l'intrigant.*

ARROGANT

Petit coq

Dressé sur ses ergots, il toise la basse-cour de son œil rond. Une fierté démesurée couve sous ses plumes. Son jabot se gonfle de mots méprisants, de réflexions désobligeantes propres à rabattre le caquet de qui osera se mesurer à lui. L'arrogant souffre d'une maladie bizarre : il a le caractère qui enfle sous les piqûres d'un orgueil venimeux. Cette allergie le rend franchement antipathique. Souvent insultant, toujours dédaigneux, on a bien envie de lui voler dans les plumes.

ILS LUI RESSEMBLENT : *le hautain, le présomptueux.*

ASCÈTE

Pur esprit

Inutile d'espérer l'émoustiller avec votre recette de truffes au chocolat. La gourmandise, l'ascète n'en a que faire. Il vit de pain dur et d'eau fraîche ; s'habille de sacs à pommes de terre ; dort sur une planche, la fenêtre grande ouverte au cœur de l'hiver. L'ascète mène son corps à la dure pour mieux tremper son âme. Ses valeurs ont la hauteur de l'Everest. S'il n'est pas le convive idéal à inviter à votre table, l'élévation de ses pensées compense l'austérité de sa mise. Faute d'apprécier votre gueuleton, il saura nourrir l'esprit de vos invités.

ILS LUI RESSEMBLENT : *l'ermite, le moine.*

ASOCIAL

En marge

Ce marginal refuse de se plier aux lois qui régissent la vie sociale. Lui, c'est précisément après dix heures du soir que lui vient l'envie violente de faire du tapage. C'est dans les sens interdits qu'il préfère s'engouffrer. Travailler pour gagner sa vie lui paraît un non-sens. Il préfère zoner, voler à l'étalage, voyager en passager clandestin, casser les vitrines et brûler les limousines. Ce franc-tireur rejette la collectivité qui le lui rend bien. Plus il se sent exclu, plus il en rajoute. Une lutte au couteau s'instaure entre lui et les autres. Tous ces autres qui font masse pour écraser son virulent désir d'autonomie.

ILS LUI RESSEMBLENT : *l'inadapté, le révolté.*

ASSIDU

On peut compter dessus

Donnez-lui rendez-vous dans un an, trois jours et quatre minutes : il sera là. Demandez-lui de surveiller le rôti : il ne le lâchera pas d'un cil. Confiez-lui l'arrosage délicat de votre bonsaï, et partez tranquille sur la lune. À la seconde près, votre plante chérie bénéficiera de ses soins scrupuleux. Son zèle est si parfait, sa constance si indéfectible, que l'on se demande comment un personnage pareil peut exister. Et pourquoi diable on n'en a pas toujours un sous la main !

ILS LUI RESSEMBLENT : *l'appliqué, le consciencieux, le sûr.*

ATTENTISTE

Patience et longueur de temps...

L'attentiste est d'une patience angélique. Il attend. Il attend son heure. Il vous attend au tournant. Il attend que la situation tourne en sa faveur. Un brin opportuniste, tout en attendant, il tend ses filets. Il les voit venir, tous ces agités, qui se bousculent pour arriver ! Comme le lièvre de la fable, ils ont les dents trop longues. Sous sa carapace, la tortue attentiste rit sous cape : réussira bien qui réussira le dernier !

ILS LUI RESSEMBLENT : *le calculateur, l'opportuniste.*

AUDACIEUX

Héros insolent

La fortune lui sourit, dit-on. Lui, en tout cas, sourit à la vie. Il la croque à belles dents, se lance à corps perdu dans l'aventure, mise gros sur les tapis des casinos.

À la limite de l'imprudence, il frôle l'insolence en permanence. C'est d'Artagnan et Don Quichotte en un seul homme. Il défie le mauvais sort, l'ordre établi et les moulins à vent. Ah, il a bien du courage !

ILS LUI RESSEMBLENT : *l'aventureux, l'impétueux, le hardi.*

AUTORITAIRE

Quand je dis non, c'est non !

Ce trait de caractère ressemble au bâton d'un agent qui règle la circulation. Il s'agit que choses et gens filent doux ! Dans le secret de son cœur, strictement sanglé dans son uniforme, il lui arrive de déplorer qu'on ait inventé la démocratie. Tous les hommes égaux, est-ce bien raisonnable ? Un bon tyran, un despote, voilà qui a de la gueule. Au moins, on sait qui commande. Et les autres savent ce qu'il leur reste à faire : obéir.

ILS LUI RESSEMBLENT : *le directif, l'impérieux, le tyrannique.*

AUTOSATISFAIT

Moi, Tarzan !

On l'imagine volontiers au volant de sa
décapotable, cheveux impeccablement
gominés, parti pour un tour du monde qui
ressemblerait à la tournée triomphale
d'une vedette internationale. L'autosatisfait
– mais comment fait-il ? – est toujours terriblement content de lui. Il est le plus
beau, le plus fort, le plus génial. L'adula-
tion des foules est la moindre des choses.
Plus parfait que lui, tu meurs ! C'est très
agaçant. Pour les autres. Parce qu'en ce
qui le concerne, il exploite le bon filon.
Aimez-le, détestez-le, quelle importance ?
Il est heureux, l'imbécile !

ILS LUI RESSEMBLENT : *le fat, le suffisant.*

AVARE

Pas partageur

Entre Harpagon et Picsou, est-il bien nécessaire de préciser ce personnage caricatural aux ongles crochus crispés sur son coffre-fort ? Pourtant, l'avarice n'a pas toujours la limpidité d'un lingot d'or. Les êtres les plus généreux discernent parfois en eux-mêmes une fâcheuse tendance à ce travers. Allez savoir pourquoi ? On tient maison ouverte, on partagerait jusqu'à la dernière miette de son dernier quignon. Et l'on se montre intraitable sur l'eau du robinet ! Peut-être la générosité a-t-elle besoin de cette ombre mesquine pour nous sembler méritoire.

ILS LUI RESSEMBLENT : *le cupide, le radin.*

AVENTUREUX

Le goût du danger

Un audacieux qui se lance aveuglément dans toutes les aventures. Aveuglément, parce qu'il ferme les yeux, exprès. Il a entrevu le danger, il sait combien son entreprise est risquée. Et c'est cela qui l'excite. Cette frayeur délicieuse que l'on ressent sur les manèges vertigineux d'une fête foraine. Tous les dangers sont permis ! La vie vous file entre les doigts avec un sifflement d'arme blanche.

ILS LUI RESSEMBLENT : *le casse-cou, l'intrépide, le téméraire.*

AVEUGLE

Égaré hagard

Des écailles sur les yeux et un bandeau par-dessus. Pas de canne blanche, pas de chien pour le guider ; tous les livres en braille brûlés jusqu'au dernier. Dites-lui qu'il se fourvoie, qu'il fait fausse route, l'aveugle ne veut pas le savoir. Il n'est pas sourd ! Il entend bien qu'il se trompe. Et alors, si ça lui fait plaisir de se tromper ? Hein ? Qu'est-ce que vous y trouvez à redire ? Comment ? Son égarement est immoral, irresponsable, répréhensible ? Allez vous faire voir avec vos vues imbéciles ! C'est par le bout de son propre nez que l'aveugle veut se laisser mener. Ah mais !

ILS LUI RESSEMBLENT : *l'obtus, l'obnubilé, le buté.*

Pour que dans
le cerveau d'un couillon
la pensée fasse un tour,
il faut qu'il lui arrive
beaucoup de choses
et des biens cruelles.

Céline, *Voyage au bout de la nuit*, © Gallimard.

BALOURD

Éléphanteau malhabile

Pataud, godiche, empoté, il passe dans notre vie comme un éléphant dans un magasin de porcelaine. Engoncé dans sa pensée, il a la main malheureuse avec les mots. Il gaffe, son indélicatesse nous blesse. Bon cœur, soucieux de nous réconforter, il nous gratifie d'une bourrade amicale. Et vlan ! il nous démet l'épaule ! Certes, l'animal manque de finesse. Mais comment lui en tenir rigueur ? S'il en fait des tonnes, cela part souvent d'un bon sentiment. Allez, on l'aime bien quand même.

ILS LUI RESSEMBLENT : *le lourdaud, le maladroit.*

BARATINEUR

Faiseur de tartines

Pour vendre ses salades, il vous tartine des tirades à n'en plus finir. Il cause, il cause... mais ce n'est pas tout ce qu'il sait faire. Son éloquence est redoutable. Qu'il veuille vous refiler son vieux scooter ou vous jurer un amour éternel, ce camelot arrive souvent à vous fourguer sa marchandise. Il vous embobine, vous entortille, vous emberlificote. Vous sentez bien qu'il vous gruge. Mais son bagou vous tue. Alors, vous cédez. Pour qu'il se taise. Pour avoir la paix.

ILS LUI RESSEMBLENT : *le beau parleur, le bonimenteur*.

BARBARE

Bête cruelle

Est-il bêtement cruel ou cruellement bête ?
Il se comporte, en tout cas, comme un car-
nassier brutal qui assouvit ses pulsions
sauvages. Dans son sillage, tout est ravagé,
saccagé, ensanglanté. Il envahit notre ter-
ritoire, sabote nos œuvres d'art, assassine
la culture, massacre sans sourciller les
enfants innocents comme les vieillards
recrus de fatigue. On l'a vu à l'œuvre au
temps d'Attila. On le retrouve dans les
atrocités terriblement actuelles du journal
télévisé. Le barbare ne respecte rien
d'autre que son instinct bestial et primitif.
Il lui faut détruire pour exister. Et tant pis
pour l'humanité !

ILS LUI RESSEMBLENT : *le sanguinaire, le tortionnaire.*

BATTANT

La fureur de vivre

L'entraîneur de ce boxeur peut s'offrir une chaise longue pour y couler des jours paisibles. Son poulain a la rage de vaincre chevillée au corps. Dès le saut du lit, il serre les poings et se motive à mort. Il aborde chaque journée comme un combat dont il doit sortir la tête haute. Le soir, devant la glace de sa salle de bains, il serre les dents : OK, il a l'arcade sourcilière fendue, mais il n'est pas KO. Il a toute la nuit devant lui pour refaire ses forces. Demain, il s'attaquera à chaque problème avec un punch intact.

ILS LUI RESSEMBLENT : *l'accrocheur, le fonceur, le volontaire.*

BEAU PARLEUR

Érudit volubile

Il cisèle ses phrases avec une précision d'orfèvre. S'il vous demande de lui passer le sel, ce propos prosaïque prendra dans sa bouche les accents d'un grand air d'opéra. Il articule avec soin, ménage des silences, ne lésine pas sur l'imparfait du subjonctif. Entre la poire et le fromage, il arrive toujours à glisser une citation de Platon. Sa compagnie est fort enrichissante. Mais ne vous risquez pas à lui confier votre stress : il vous ferait tout un cours sur le concept d'angoisse (selon Kierkegaard, bien sûr !).

ILS LUI RESSEMBLENT : *le discoureur, le phraseur, le rhéteur.*

BÉGUEULE

Pucelle effarouchée

Ce personnage-là est féminin, comme les grenouilles de bénitier. Prononcez devant elle un mot un peu osé, racontez une histoire un peu leste, et vous la voyez sauter au plafond. Elle coasse d'indignation, rougit, tremble et se trouble. Elle se voile la face, se bouche les oreilles. On se demande toutefois si elle n'est pas la proie d'un émoi délicieusement insoutenable. Il semble qu'elle raffole des cancans croustillants, des ragots les moins ragoûtants, à condition qu'ils circulent sous le manteau. Un observateur attentif remarquera que certains hommes ne résistent pas à la séduction perverse de ce travers féminin.

ELLES LUI RESSEMBLENT : *la prude, la sainte-nitouche.*

BELLIQUEUX

Bonjour la crise !

Pour ce mercenaire, la paix constitue une catastrophe mondiale. Dans un climat d'harmonie, le voici confronté aux affres du chômage technique : sa robuste agressivité se retrouve brutalement sans emploi. Aussi s'occupe-t-il assidûment à titiller les amours-propres, à attiser les querelles, à chatouiller chez autrui le défaut de la cuirasse. L'état de crise est son élément naturel. Il entre dans une discussion comme un gladiateur pénètre dans l'arène. À son contact, l'individu le plus paisible sent s'exciter douloureusement en lui le nerf de la guerre.

ILS LUI RESSEMBLENT : *l'agressif, le querelleur.*

BÉOTIEN

Inculte et fier de l'être

La musique, la poésie, la sculpture, la peinture... tout ça ne lui fait ni chaud ni froid. Il se préoccupe davantage de son estomac et compose le menu de son déjeuner pendant que vous vous extasiez sur le solo de piano. Il est repu ? Attendez-vous au pire ! Il émet des commentaires ineptes, commet bourde sur bourde, traite Renoir de barbouilleur du dimanche et Mozart de faiseur de bruit. Il retrouvera un sourire béat autour d'un faux puits en vrais pneus. Là, au moins, tout est beauté, luxe, calme et volupté (pense-t-il sans se douter qu'il cite Baudelaire !).

ILS LUI RESSEMBLENT : *le lourdaud, le balourd.*

BESOGNEUX

Fourmi laborieuse

Une toute petite personne qui s'affaire en permanence. Elle a une toute petite éponge et il lui faudra toute la journée pour récurer le seul lavabo. Non qu'elle pleure sa peine ! Elle s'échine, s'évertue, se donne un mal fou. Mais, du fait de ses moyens modestes, l'objectif le plus médiocre lui semble déjà énorme. Cette fourmi laborieuse ne voit jamais le bout de ses efforts démesurés. Elle n'ose s'accorder cinq secondes de répit pour souffler et se féliciter du labeur accompli. Elle a bien trop peur de craquer sous le poids des tâches innombrables qui l'attendent encore.

ILS LUI RESSEMBLENT : *le gagne-petit, le laborieux.*

BIENFAITEUR

Un sauveur

Il dépense des trésors d'attention pour nous écouter, nous donne son appui et sa confiance, nous prête assistance et secours sans espoir de retour. Il épaule, assiste, réconforte, tuyaute, encourage, protège. Sa générosité est légendaire. On peut tout lui demander. On lui demanderait même – si l'on osait – d'avoir un jour besoin de nous. Parce qu'à la longue, sa parfaite gentillesse a quelque chose d'écrasant. À l'ombre de ce héros magnifique, on finit par se sentir un peu misérable.

ILS LUI RESSEMBLENT : *le philanthrope, le protecteur.*

C'était une femme d'un certain âge,
entièrement grise sauf ses vêtements qui
étaient noirs et ses yeux qui étaient du
bleu le plus bleu ! Quoiqu'ils soient si
bleus, ils ne donnaient pas du tout cette
impression de jeunesse que donnent les
yeux bleus aux vieux visages, ou aux
visages fripés, ou aux visages fatigués.
Comment était son visage ? Je crois
pouvoir dire qu'il était inquiet si on
comprend une inquiétude qui fatigue,
qui use et qui vieillit.

J. Giono, *Un roi sans divertissement*, © Gallimard.

BIGOT

Faux dévot

Il n'a rien compris ! Il croit que trois génu-
flexions le dispensent d'aimer son pro-
chain. Confit, étriqué, il cadenasse sa piété
dans le cadre exigu du geste. Des gestes
mesquins, copiés, peu sincères. Gestes
censés clamer sa hauteur d'âme.
Seigneur ! Une âme si chiche, aride, rabougrie, intolérante ! Une âme qui tiendrait
tout entière dans le chas d'une aiguille,
piquant au passage les malheureux qui ne
partagent pas ses pratiques hypocrites.
Qu'il laisse un peu parler son cœur, que
diable !

ILS LUI RESSEMBLENT : *le rat d'église, le tartufe.*

BILIEUX

Un inquiet irritable

Comme dans la commedia dell'arte, ce personnage a deux masques. D'un côté, il se fait de la bile. Il marine entre marasme et mouron, ce qui n'a rien de folichon. En ce cas, on le dit « bileux » : inquiet, soucieux, tristounet, il présente un profil de chien battu. Difficile à dérider, il se montre plus accablé qu'agressif.

De l'autre côté, le bilieux se fait aussi de la bile. Lui aussi marine dans une humeur noire, et il en a marre, et ça le met vraiment en colère. Ombrageux, amer, il prend la mouche pour un rien. À la longue, il en vient à nourrir une rancune tenace envers le monde entier.

ILS LUI RESSEMBLENT : *l'anxieux, le tourmenté.*

BLAGUEUR

Joyeux luron

Si vous naviguez entre bileux et bilieux, vous voyez d'un bon œil l'arrivée d'un blagueur. Les bouffonneries et galéjades de ce farceur vous mettront du baume au cœur. Lui, au moins, ne voit pas tout en noir, il a le mot pour rire, il plaisante comme d'autres respirent. À tel point que – comment dire ? – sa bonne humeur de commande finit par vous indisposer. Et vous vous demandez si, par hasard, vous ne deviendriez pas un peu bilieux à votre tour...

ILS LUI RESSEMBLENT : *le boute-en-train, le farceur.*

BLASÉ

Revenu de tout

Ce personnage en a vu d'autres... C'est bien simple, il a tout vu. Plus rien ne l'étonne ; rien ne l'émeut. Il mène une vie de statue. Les feuilles d'automne, les pluies de printemps, les nids d'oiseaux, les serments amoureux au clair de lune... tout le laisse de marbre. Ses sensations sont comme pétrifiées. On ne décèle chez lui ni vibrations, ni exaltation, pas le moindre serrement de cœur. Ce fantôme promène partout un regard éteint, une moue désabusée. Comme si son âme s'en était allée ; comme s'il était au bord de la tombe. Mais quelle épitaphe pourra perpétuer le souvenir d'une telle absence ?

ILS LUI RESSEMBLENT : *le désabusé, le désenchanté.*

BLUFFEUR

Roi de l'esbroufe

Le fanfaron, le joli vantard que voilà ! Son
chic est tout en toc, c'est du chiqué. Il la
ramène, roule des mécaniques, se fait
mousser. Pourquoi tient-il tellement à épa-
ter la galerie ? On l'aimerait mieux moins
faraud, moins m'as-tu-vu, moins crâneur.
Ses muscles d'acier, ses médailles, ses
tableaux de chasse, peu nous importe. Du
reste, on n'y croit guère. Qu'il laisse tomber la gonflette ! S'il savait combien il nous
touche lorsqu'il se montre vulnérable,
désarmé... Allez, vas-y, ose, si tu es un
homme !

ILS LUI RESSEMBLENT : *le fabulateur, le frimeur.*

BON À RIEN

Un cas désespéré

Ah, le malheureux ! Il ne mérite même pas l'épithète de « vaurien » qui signifie pourtant la même chose. Faute de se cramponner à des valeurs honorables, le vaurien vire au voyou et il lui arrive d'exceller sur cette mauvaise pente.

Tandis que le bon à rien poursuit inexorablement un chemin d'une absolue platitude. Pour lui, pas de sommets, pas d'abîmes. Précédé par une solide réputation de médiocrité, il fait le maximum pour la mériter : c'est-à-dire pas grand chose de bon. Convaincu de sa nullité, vaincu d'avance, le bon à rien ne tente rien. Même pas le pire. Son cas semble désespéré.

ILS LUI RESSEMBLENT : *l'incapable, le raté.*

BOUDEUR

Un têtu qui fait la tête

Boudeurs et boudeuses sont des gens terriblement occupés. Ils ressassent leurs rancœurs, ruminent leurs rancunes, rabâchent leurs malheurs, remâchent leur amertume. Ce procédé réussit aux vaches qui finissent par donner du lait à partir de chardons interminablement macérés. Chez les humains, la tactique fonctionne moins bien. La bouderie tourne au vinaigre et le boudeur – qui pensait priver les autres de dessert – se retrouve puni. Alors, il en a gros sur le cœur. Il fait la tête. Etc.

ILS LUI RESSEMBLENT : *le bougon, le grognon, le renfrogné.*

BOUFFON

Clown vide

Les pitreries de ce saltimbanque divertissent à petites doses. Il entre en cabriole, débite un calembour, vous fait son petit numéro de clown. Bon. On sourit, poli. Il enchaîne sur une pirouette, exhibe son gros derrière, ponctue ses plaisanteries fines de clins d'œil écrasants. On bâille, patient, en attendant que ça lui passe. Mais ça ne lui passe pas ! Il faut qu'il fasse son cirque. Et là, on commence à le trouver franchement grotesque, ridicule, indécent. Le bouffon en fait des tonnes. À se demander si tout ce cinéma ne servirait pas à masquer une panne définitive du scénario intérieur.

ILS LUI RESSEMBLENT : *le burlesque, le grotesque.*

BOULIMIQUE

Ogre triste

Une fringale terrible l'habite, le hante, le poursuit. Faim de nourriture, de plaisirs, de culture, d'affection, de douceur. Son avidité monstrueuse fait peur. On a mal pour lui. À la différence de l'ogre des contes, on ne décèle en lui nulle cruauté gratuite. Mais un manque affreux, un gouffre. On voudrait le gaver de bonbons, de baisers, de belles histoires ; le mettre sous perfusion de tendresse ; bercer son vertige ; apaiser sa peur du vide.

ILS LUI RESSEMBLENT : *l'inassouvi, l'insatiable.*

BRAVE

Les très bons et les pas méchants

La vue d'un vrai brave vous jette debout et vous arrache un cri, un seul : « bravo ! ». Cet être-là est un héros authentique. Avec quelle audace il affronte les dangers, avec quel courage il défend l'opprimé, avec quel panache il pourfend l'attaquant !

Seulement, il faut de tout pour faire un monde, ma bonne dame ! Il faut aussi des braves gens, assez méritants pour ne pas pousser un aveugle sous la rame du métro. Et puis encore des gens bien braves, allez !

ILS LUI RESSEMBLENT : *le bon bougre, la bonne poire, le valeureux.*

BRUTE

Mal dégrossi

Comme l'humanité, la brute épaisse descend du singe. À ceci près qu'elle n'a pas fini de descendre. Toujours cramponnée à sa liane, elle se balance en ricanant et vous balance à la figure des onomatopées bizarres. Encore heureux quand ce ne sont pas ses poings qu'elle vous balance dans la figure, parce que vous avez malencontreusement marché sur sa peau de banane.

On l'aura compris : la brute a quelque chose d'inachevé, de primitif, de mal dégrossi. Violente à l'occasion, elle brille surtout par sa sottise.

ILS LUI RESSEMBLENT : *le bestial, le sauvage.*

Gentil, méchant, bien ou mal ? Question de morale !

Dégonflé, crâneur,
exité ou frimeur,
on me jauge,
on me juge,
on me colle
une étiquette.
Quel enfer !

• • •

Ah ! Si je pouvais faire ce qu'il me plaît sans être jugé ! Aujourd'hui par exemple, j'ai bien envie d'être agressif, comme ça, sans motif.
Interdit, défendu, pas question d'agresser les autres ni physiquement, ni verbalement.
Mais enfin, qui décide du bien ou du mal et pourquoi ne serais-je pas un horrible, un vrai méchant ?
On passe son temps à me dire : fais ça, c'est bien, non pas ça, c'est mal.
Qui peut bien savoir ce qui est bon ou mauvais pour moi, à part moi ? Qu'est-ce qui est bien, et par rapport à quoi, et par rapport à qui, que dois-je faire ?
Toutes ces questions du bien

et du mal, en philosophie,
ça s'appelle la morale.

TROIS MORALES POUR UN ACTE

Pour comprendre comment
fonctionne la morale, il faut
partir de l'action.
L'homme est à la fois un être
pensant et agissant.
Normalement, les deux doivent
s'accorder au mieux.
Avant de casser la voiture de
mon voisin en petits morceaux,
il vaudrait mieux que je
réfléchisse :
est-ce bien ou mal ?
– Bien par rapport à moi,
ça me défoule ;
– Mal parce que cette voiture
ne m'appartient pas
et que mon voisin,
propriétaire du véhicule,　　　● ● ●

aimerait bien pouvoir s'en
servir ;
– Mal parce qu'il est interdit
par la loi de casser ce qui
appartient aux autres.
Donc, on peut envisager
la morale pour un même geste
sous trois angles :
– Ma morale individuelle :
j'ai envie de casser, je casse ;
– La morale universelle que
l'on pourrait formuler ainsi :
ne fais pas à autrui ce que
tu ne veux pas qu'on te fasse ;
– La morale sociale :
la loi interdit de casser et
protège la propriété privée.

QUESTION DE CONSCIENCE !

Tout homme doit pouvoir,
tout seul « en son âme et
conscience », dire :

ça c'est bien, ça c'est mal.
Il doit pouvoir en toute liberté
être responsable de ses actes,
savoir ce qu'il peut faire
et ce qu'il doit faire,
ce qu'il est obligé de faire,
dans la limite du permis et
du défendu.
C'est sa conscience morale.
Et chacun doit pouvoir
envisager ce qu'il pourrait
faire pour s'améliorer, pour
éviter d'être agressif ou violent
par exemple. « Peut mieux
faire », c'est aussi
du domaine de la morale.

NI MONSTRE, NI LOUP

La conscience morale,
c'est une conscience de tous
les instants pour que l'homme
ne soit pas... un monstre   ● ● ●

ou un loup pour les autres
hommes.
C'est à cause de cette idée
de conscience morale que l'on
peut penser que ce qu'il y a
de plus monstrueux
dans l'assassin le plus ignoble
n'est jamais irréversible.
Le regret, le remords,
le repentir mais aussi
le pardon toujours possible,
tout ça, c'est grâce à la
« conscience morale ».

QUE FAIT LA SOCIÉTÉ ?

« Sens interdit
– Défense de déposer des
ordures sous peine de
poursuites
– Accès interdit
– Défense d'afficher, loi du 18
juillet 1883

– Défense de fumer
– Le paiement de votre ticket
de transport est obligatoire. »
Bon, apparemment,
je n'ai pas beaucoup de choix.
La société pense pour moi, et
ce qui est permis et défendu,
elle me l'impose tout net
par ses lois.
Alors cette conscience morale
dont on vient de parler,
d'où vient-elle ?
Est-elle en nous dès la
naissance, sorte d'instinct
divin qui nous distinguerait
des animaux, ou bien est-ce
la société qui nous l'a
enseignée ?
Mais la société qui décide ce
qui est bien ici, à un moment
donné, le déclarera peut-être
mal à un autre moment.   ● ● ●

Par exemple : l'esclavage
longtemps considéré comme
normal dans notre société
est maintenant aboli.
Est-ce que cela veut dire
que les règles morales varient
en fonction des coutumes, des
préjugés et
des croyances ?

CABOTIN

Trop de cinéma !

Le cabotin est un comédien très content de lui. Il se trouve talentueux (souvent, il ne l'est guère), délicieux, irrésistible. Il lui faut à toute force vous faire partager son autosatisfaction. Il veut se voir beau dans le miroir de vos yeux. Pourquoi cette rage de plaire ? Si vous le jugez aimable, vous l'aimerez. C'est tout simple. Inutile d'en rajouter.

ILS LUI RESSEMBLENT : *l'acteur, le cabot.*

CACHOTTIER

Tout petit agent secret

Il rêve de détenir des secrets d'État. Et comme ce genre de secrets ne court pas les rues, il s'en fabrique de tout petits, avec des bouts de ficelle. Il prend une peine infinie à les dissimuler, à nous convaincre de leur importance colossale. Or, la minceur de ses mystères se voit gros comme une maison. Pour un peu, on en sourirait. Mais cela nous agace, à la longue, qu'il nous force à ce jeu de cache-cache avec ses secrets minuscules, sournois, puérils.

ILS LUI RESSEMBLENT : *le dissimulateur, le fuyant.*

CAFTEUR

Faux jeton

On l'appelle aussi cafard, mouchard, rapporteur, délateur, dénonciateur. On le déteste autant qu'on le craint. Car ce sale espion se double d'un hypocrite. Devant vous, il fait sa chattemite. Sourire engageant, patte de velours, il vous invite aux confidences. Il pousse tous les « oh » et les « ah » qu'il faut. Toute prudence vous abandonne. Vous lui livrez vos secrets les plus intimes. Secrets qu'il s'empresse de livrer à l'ennemi, en catimini. Accusez-le de trahison : il écarquille de grands yeux innocents. Battez-le comme plâtre : il vous fera l'aumône d'un sourire compatissant avant de foncer vous dénoncer derechef.

ILS LUI RESSEMBLENT : *la balance (fam.), le donneur.*

CALOMNIATEUR

Sale menteur

Pour détruire votre réputation, son imagination ne connaît pas de limites. Cet inventeur machiavélique échafaude des élucubrations éhontées sur votre compte. Ce boulanger malhonnête réalise contre vous une pièce montée de ragots, potins, rumeurs. Colporteur cancanier, il va par toute la ville exposer aux yeux de tous votre infamie. Son leurre est si parfait qu'on n'y voit que du feu. Votre honneur s'effrite ; votre respectabilité s'émiette ; vos amitiés se fissurent. Content de son travail de sape, notre alchimiste regagne son laboratoire. Son job à lui, c'est de bâtir sur du vent la faillite frauduleuse d'autrui.

ILS LUI RESSEMBLENT : *le diffamateur, la langue de vipère.*

CANAILLE

Petit ou grand fripon

Il y a le petit canaillou qui fait son loup-garou pour vous croquer passionnément. Mais on sait bien que c'est de l'humour. Ou de l'amour. Ou les deux.

Et puis il y a – plus rare – la canaille intégrale. C'est un fieffé fripon, un gredin ignoble que cette crapule. Grossier personnage, vulgaire, pouilleux, ce chien galeux dissémine partout sa vermine. Un beau salaud qui met son environnement à feu et à sang. Un goujat pervers qui se régale quand ça pue, quand ça grouille, quand les calamités pullulent. Mais pourquoi tant de haine ?

ILS LUI RESSEMBLENT : *le chenapan, la racaille.*

CANDIDE

Un cœur pur

Ce délicieux rêveur cultive dans son jardin secret des choux pommelés et puis des roses trémières. Un jour, il y naîtra de beaux bébés joufflus. Des garçons grands, forts, courageux, chevaleresques. Des filles belles et douces, aux yeux d'aurore, aux cheveux de liane. Quand viendra le clair de lune, tout ce petit monde dansera, main dans la main. On s'aimera doux ; on s'aimera fort et fraternel.

Oh oui, le candide la voit comme s'il y était, sa société idéale ! Son petit arrosoir à la main, il attend patiemment. La bonté vaincra.

ILS LUI RESSEMBLENT : *l'ingénu, l'innocent, le naïf.*

Louis-Félix passe d'autant plus
pour un enfant bizarre que son
étonnante maturité intellectuelle
se double d'une totale ingénuité.
Il est même si dépourvu de
malice qu'il passe souvent
pour un nigaud,
et ses camarades de classe,
bien plus âgés que lui,
ne se privent pas de le tourner
en dérision.

S. Germain, *L'Enfant méduse*, © Gallimard.

CAPRICIEUX

Enfant gâté

Lorsqu'un petit bonhomme haut comme trois pommes tape du pied pour afficher avec flamme ses préférences, les grandes personnes fondent. « Ah ! voilà un bout de chou qui a de la personnalité. Il ira loin dans la vie ! Vas-y, mon petit gars, exprime-toi ! » Au départ, le caprice n'est jamais qu'une façon flagrante, fantasque, fantaisiste de manifester que l'on a du caractère. Mais si l'on en fait trop, on devient girouette. On rit, on crie. On sourit, on soupire. On geint, on gémit, on griffe, on grimace, on grince, on grogne, on grommelle... La fantaisie s'enfuit. L'ennui reste.

ILS LUI RESSEMBLENT : *le fantasque, l'inconséquent.*

CARACTÉRIEL

Des traits de caractère accusés

Avec lui, vous ne savez jamais à quoi vous en tenir. Convaincu qu'il va craquer, crier, vous casser du sucre sur le dos, vous vous caparaçonnez... et voici qu'il vous cajole, vous captive, vous chouchoute. Vous le quittez excédé ou excessivement déprimé ? Vous le retrouvez exalté, expansif, excité comme une puce ! Vous l'embrassez ? Il vous gifle ! Il vous assène la moindre de ses humeurs, sans se soucier aucunement de la vôtre.

ILS LUI RESSEMBLENT : *l'hystérique, le névrosé.*

CASANIER

L'esprit pantoufles

Il se sent bien dans le cocon de sa petite case, avec ses petites habitudes, ses petites affaires bien rangées, un bon petit plat qui mijote au coin du feu. Qui le lui reprocherait ? Après tout, il ne nuit à personne. Il reste là, bien tranquille, bien au chaud, bien en ordre. Ce n'est pas lui qui irait assassiner son voisin, toujours ça de gagné ! D'accord, d'accord, on aimerait parfois le voir sortir de ses gonds, de sa routine. Mais, entre nous, des zigotos excités, il y en a déjà plus qu'assez. Alors, fichons-lui la paix, à ce pacifique.

ILS LUI RESSEMBLENT : *le pantouflard (fam.), le sédentaire.*

CATASTROPHISTE

Prophète de malheur

Son intuition lui chuchote dix désastres possibles à la seconde. Il possède le flair d'un chien truffier pour détecter les cataclysmes probables. Ce mage met une touchante bonne volonté à vous prédire les déluges définitifs comme les sécheresses les plus scélérates. Cet acteur connaît par cœur toutes les répliques du répertoire tragique. Mais la comédie le panique ; les belles histoires l'effarouchent ; les bonnes nouvelles lui filent le trac. Pourquoi lui faut-il tant d'ennuis pour ne pas s'ennuyer dans la vie ? Ce prophète de mauvais augure a peut-être peur du bonheur.

ILS LUI RESSEMBLENT : *l'alarmiste, le broyeur de noir.*

CAUSEUR

Le meilleur (ou le pire) du bavard

Pour apprécier la compagnie du causeur, il vaut mieux aimer la conversation et avoir à faire à un causeur du genre bon. Un causeur qui cause bien, et qui a des choses à dire. En ce cas, ce bavard convivial, ce fin conteur, cet érudit volubile fera longtemps vos délices. Mais s'il « tchatche » sans fin ni cesse, moulin à paroles qui moud toujours la même farine insipide, il a tôt fait de vous rebattre les oreilles et de vous casser les pieds. Si vous mourez d'envie de lui clouer le bec, votre causeur n'est sans doute qu'un jacteur (à moins que – chose hautement improbable – vous ne soyez qu'un sot !).

ILS LUI RESSEMBLENT : *le babillard, le discoureur.*

CAUSTIQUE

Pluie acide

Imaginez réunies en une personne toutes les propriétés décapantes des détergents les plus costauds. Il lui suffit d'une allusion acerbe, d'une repartie mordante, d'une remarque acide pour déstabiliser tout votre bel équilibre. Votre superbe se dissout à son contact. Votre bonne humeur fond comme neige au soleil. Mais où va-t-il chercher tout ça ? Quelle aigreur corrosive couve au fond de son cœur pour polluer ainsi tout son environnement ? Si vous êtes la cible privilégiée de ses piques cuisantes, plaignez-le : il ne doit pas faire très doux non plus au fond de lui.

ILS LUI RESSEMBLENT : *l'acéré, l'incisif, le vachard (fam.).*

CÉRÉBRAL

Tout dans la tête

Son royaume à lui, c'est la pensée. Il ne la quitte guère. Allongé sur une plage (cela lui arrive), il réfléchit encore quand d'autres se contentent béatement d'exister. Au besoin, il monopolise toute son intelligence pour calculer l'impact de l'énergie solaire sur ses cellules grises. Des penseurs, il en faut. Mais si vous l'aimez, bêtement, vous souhaiteriez qu'il sache aussi faire le bête. Vous caressez le rêve fou, saugrenu, qu'il éteigne son précieux cerveau deux secondes : le temps de répondre avec fougue à vos baisers.

ILS LUI RESSEMBLENT : *l'intellectuel, le pur esprit.*

CHAHUTEUR

Fauteur de troubles

Parfait pour bousculer l'ordre établi, rompre la monotonie, remettre les imbéciles à leur place, le chahuteur, parfois, nous ravit. Il n'a pas son pareil pour créer des récrés impromptues dans une journée morose. Capable de faire mousser l'ennui le plus glauque, de briser les silences lourds, on l'accueille en héros. Secrètement, on le charge d'extérioriser nos insolences, nos impertinences, nos rancœurs rentrées. Son culot nous stimule, nous ragaillardit. Mais le gaillard ne sait pas toujours s'arrêter à temps.

ILS LUI RESSEMBLENT : *l'amuseur, le facétieux.*

CHARMEUR

Ensorcelant suborneur

Un personnage d'un commerce délicieux. À court terme et à doses homéopathiques, le charmeur s'avère absolument charmant. Il vous enlace dans ses sourires ensorcelants, vous pommade de compliments ravissants, vous voici joliment emballé. Puis, à la longue, vous ressentez comme un malaise. Comme une guêpe engluée dans la confiture, cet abus de sucre vous soûle. Vous avez le plus grand mal à vous dépêtrer de sa séduction. Tous ces assauts de gentillesse, à qui profitent-ils ? À vous ? À lui ?

ILS LUI RESSEMBLENT : *l'enjôleur, le séducteur.*

CHATOUILLEUX

Nerfs en pelote

Ne vous avisez pas de lui titiller la plante des pieds avec une plume. Il suffit d'un rien pour que la moutarde monte au nez du personnage chatouilleux. Comme ces malheureux affligés d'une allergie respiratoire chronique, il souffre d'une sensibilité exacerbée. Il en souffre vraiment, maladivement. Son ego est si fragile : avec lui, on marche sur des œufs.

ILS LUI RESSEMBLENT : *l'ombrageux, le susceptible.*

Ma sœur Thérèse est raide

comme le Savoir.

Elle a la peau sèche,

un long corps osseux

et la voix pédagogue.

C'est le degré zéro du charme.

D. PENNAC, *La Fée carabine*, © Gallimard.

CHICANEUR

Pourquoi faire simple ?

La mentalité tarabiscotée de ce personnage ressemble à une piste de slalom. Ne vous risquez pas à lui affirmer que la ligne droite constitue le moyen idéal pour se rendre d'un point A à un point B. Il va aussitôt dresser entre vos deux points des montagnes infranchissables, des fossés impraticables, des ponts-levis levés et toute une armée accroupie derrière ses boucliers. Le chicaneur possède un goût proprement diabolique pour la difficulté. Avec lui, il faut que la discussion louvoie, tournicote, s'embourbe, s'enlise, s'éternise.

ILS LUI RESSEMBLENT : *le chipoteur (fam.), le pinailleur (fam.), l'ergoteur.*

CHIPIE

Petite peste

Les dictionnaires les plus dignes de foi l'attestent : ce comportement fâcheux appartient à la gent féminine. À l'âge tendre, cette petite peste vous pique vos affaires comme elle pique votre amour-propre par des propos désobligeants. Elle piétine vos cadeaux, ricane de vos mots doux, vous pince si vous osez un bisou... Plus elle avance en âge, plus sa langue de vipère s'envenime. Toute gentillesse lui met les nerfs en pelote. La vieille chipie vous envoie balader pour retourner à son occupation favorite : traquer les vices du voisinage. Vices qu'elle se fait une vertu de dénoncer, de sa voix acide. (Si ce portrait vous évoque un individu mâle, qualifiez-le d'acariâtre.)

ELLES LUI RESSEMBLENT : *la mégère, la pimbêche.*

CIVILISÉ

Courtoisie, tact, discrétion

À notre époque dite civilisée, cette attitude se fait rare. Bizarre ? Brossons le portrait de cet être policé pour en juger. Courtois, il cède sa place assise dans l'autobus, respecte les sens interdits, essuie ses pieds sur le paillasson, use du téléphone avec tact et discrétion, envoie un mot gentil pour remercier d'un dîner, ne parle pas la bouche pleine, etc. Cultivé, il prend part agréablement à la conversation, nourrissant le sujet sans monopoliser la parole, apportant de l'eau au moulin de ses interlocuteurs, etc. Un être exquis.

ILS LUI RESSEMBLENT : *l'éduqué, le poli, le raffiné.*

COLÉRIQUE

Explosif

Un coléreux homérique qui provoque des coliques frénétiques dans son entourage. Ce personnage se distingue du râleur ou de l'agressif par la violence des réactions qu'il suscite autour de lui. Tout bouillonnant d'une hargne chronique, il émet sans prévenir ses ondes négatives. Chacun, alentour, se tend comme une peau de tambour. Aussi les ondes irritantes lui reviennent-elles en écho, créant un cercle vicieux qui entretient son courroux. Cet irascible peut toutefois vous surprendre : il lui arrive de se montrer absolument charmant.

ILS LUI RESSEMBLENT : *l'emporté, le soupe au lait.*

COMBATIF

Capitaine courageux

À mi-chemin entre l'agressif et le battant, ce personnage est plutôt moins chamailleur et querelleur que le premier. Il n'ira pas vous chercher noise pour des peccadilles. Dans sa vie personnelle, il affronte les difficultés avec courage. Il a du cœur au ventre et stimule volontiers son énergie pour affronter toute adversité éventuelle. Du coup, ses réflexes de pugiliste peuvent le pousser à chercher quelque escarmouche. Au temps des duels, il aurait passé sa vie sur un pré, l'épée au poing.

ILS LUI RESSEMBLENT : *le batailleur, le pugnace.*

COMÉDIEN

Sympathique hypocrite

On le trouve assez talentueux dans sa façon de déguiser sa personnalité ou d'afficher des sentiments peu sincères. Alors, on hésite à le traiter de « sale menteur ». Il travestit la vérité, mais joliment, ingénument, avec brio. Ses artifices nous divertissent. L'amateur éclairé apprécie la poudre qu'il lui jette aux yeux, les paillettes qu'il lui fait miroiter. Avec lui, on est au théâtre, et sans payer sa place. Que demande le peuple ? Souvent, pas davantage ! On aimerait pourtant lui arracher de temps à autre un aveu criant, un élan vrai.

ILS LUI RESSEMBLENT : *le mystificateur, le simulateur.*

COMIQUE

Joyeux drille

Qu'il entre dans une pièce et nos soucis cruels, nos problèmes touffus, nos humeurs sombres prennent la poudre d'escampette. Il possède le talent rare de nous faire hurler de rire avec cela même qui nous faisait mourir d'ennui. Des comiques, il en faudrait davantage ; il en faudrait un sur deux dans le genre humain. Et que l'on puisse interchanger les rôles. Car la rumeur chuchote que ces joyeux drilles sont tristes au-delà du concevable. Ils puiseraient dans un noir pessimisme cette énergie du désespoir qui rend leur drôlerie irrésistible. Alors, ce serait bien de pouvoir leur rendre la monnaie de leur pièce, non ?

ILS LUI RESSEMBLENT : *le blagueur, le clown.*

COMPLAISANT

Trop aimable

Prévenant, serviable, indulgent, il se montre plaisant envers vous : en bonne logique, il devrait vous plaire. Du reste, il vous plaît. Vous vantez ses qualités à tous vos amis. Jusqu'au jour où vous réalisez qu'il en fait autant à son propos. Il s'admire un peu trop. Cela vous agace. Mais puisqu'il est aimable – allez ! – vous l'aimez quand même. Jusqu'à cet autre jour où – là – c'en est trop. Comment ? Il est poli comme tout avec cette brute ignoble ? Il fait le joli cœur avec cette canaille immonde ? Ah non ! Tant de gentillesse – sans discernement – cela dépasse les bornes. Le complaisant ne vous plaît plus. Du tout.

ILS LUI RESSEMBLENT : *l'accommodant, le laxiste.*

COMPLEXÉ

Pas simple du tout !

Vu de l'extérieur, il a l'air timide, effarouché. Replié sur lui-même, il observe ce qui se passe à l'intérieur. Et que se passe-t-il ? Un fouillis invraisemblable ! Il ne s'aime pas et il s'aime trop. Tout en même temps. Et il a raison. Et tort. Tort de tout compliquer ; raison de s'aimer. Simplifions les choses pour lui faciliter la tâche. Le complexé est un être riche. Bien. Il y a en lui du bien et du mal. Très bien. Alors, où est le problème ? Il voudrait que son « bien » l'emporte toujours sur son « mal ». Quelle idée ! Qu'il les laisse donc s'équilibrer tranquillement !

ILS LUI RESSEMBLENT : *l'embarrassé, l'inhibé.*

COMPLICE

Comme les deux doigts de la main

Les complices ne sont plus ce qu'ils étaient. Tant mieux ! Avant, la police les traquait pour les mettre en prison. Maintenant, même les flics ont des potes vachement complices. Et ça les rend vachement contents. Ils se comprennent à demi-mot, rient aux mêmes plaisanteries, pleurent aux mêmes films, communient dans la passion du foot et la sainte horreur des betteraves rouges. Ils s'entendent comme larrons en foire. Sans qu'on les traite de gibier de potence. Sans qu'on les traîne devant le juge. (À moins, bien sûr, que leur belle complicité ne serve de noirs desseins.)

ILS LUI RESSEMBLENT : *le fraternel, le solidaire.*

CONCIERGE

Fréquence cancans

Vous ne la trouverez ni dans sa loge, ni dans l'escalier. Les concierges modernes passent leur vie au téléphone. Où elles cancanent. En baissant la voix. Les fibres optiques doivent en entendre de belles ! Sûr que les satellites ne s'ennuient pas ! Encore que... Les ragots des concierges amusent un temps. Un potin bien croustillant, rien de tel pour vous remettre de belle humeur (si vous n'en êtes pas la cible, faut-il le préciser ?). Mais la malveillance du concierge chronique manque souvent d'imagination. Il finit par servir la même soupe à tout le monde, à propos de tout le monde. Il radote. Il finira gâteux. Et seul.

ILS LUI RESSEMBLENT : *la commère, la mauvaise langue, le médisant.*

CONCUPISCENT

Être de chair

L'être humain se compose d'un corps et d'une âme. L'âme garde son mystère, mais une chose est sûre : elle s'exprime par des sentiments. Le corps se compose (en gros) de chair et d'os. Chez l'individu concupiscent, la chair domine. Non qu'il ait moins d'os. Mais moins de sentiments. Plus exactement : le désir ardent de ses sens l'emporte sur sa flamme sentimentale. N'attendez pas de lui l'envoi discret d'un bouquet de myosotis qui vous déclarerait son amour en rougissant. Non. Il vous le déclarera lui-même. En se jetant sur vous avec une fougue vorace. Vous voici prévenu. Pour le reste, c'est à votre corps (et à votre âme) de voir !

ILS LUI RESSEMBLENT : *le charnel, le lascif, le lubrique.*

CONQUÉRANT

Attila, me voilà !

Le conquérant met la charrue devant les bœufs, la victoire avant la bataille. C'est la grenouille qui s'est faite aussi grosse que le bœuf. Et qui promène partout son enflure. Sa prétention lui donne l'air un peu niais. Mais il n'en a cure. Il se prend pour Jules César, ne voit que sa couronne de lauriers là où d'autres le voient coiffé... d'un bonnet d'âne. En fait, il n'est sans doute pas si bête. Un soupçon de modestie suffirait à le ramener à de plus justes proportions.

ILS LUI RESSEMBLENT : *le dominateur, le triomphateur.*

CONSERVATEUR

Valeurs congelées

Il possède l'indéniable vertu de garder longtemps ses valeurs. Si ces valeurs sont hautes, on ne voit pas pourquoi il devrait s'en priver. Que le sens de l'honneur, la justice, la politesse, les bonnes manières perdurent, l'humanité ne peut qu'y gagner. En cela, le conservateur se montre précieux. Simplement, ses principes n'évoluent pas au rythme de la nature. Figée, rigide, sa morale est parfois dure à avaler pour les nouvelles générations.

ILS LUI RESSEMBLENT : *le conformiste, le traditionaliste.*

CONTESTATAIRE

Pas d'accord !

Marchant en rangs serrés dans les manifs, ils arborent leurs pancartes et scandent leurs slogans. Ils revendiquent, s'opposent à l'ordre des choses et clament bien haut pourquoi. Dans la vie quotidienne, l'individu contestataire vous chipote pour un oui, pour un non. Il met systématiquement en doute vos dires comme vos droits.

ILS LUI RESSEMBLENT : _le contradicteur, le frondeur._

COQUET

Il mise gros sur son apparence

À demi sûr de son charme, le coquet cherche à vous affrioler pour se rassurer. Consumé par le doute, il lui faut devenir la coqueluche du quartier et enflammer tous les cœurs. Pour vous embrasser, ira-t-il chercher en lui quelque flamme généreuse, quelque étincelle de génie ? Point du tout. Impudent autant qu'imprudent, cet allumeur mise tout sur son apparence. Œillades, battements de cils, il minaude, tortille de la croupe, fait l'espiègle. Croyant vous enjôler, il utilise une voix truquée, haut perchée, qui vous crispe. Ses artifices, hélas, font long feu. Il brûlait de faire tourner toutes les têtes ? On se détourne.

ILS LUI RESSEMBLENT : *l'aguicheuse, le dandy.*

CORDIAL

Grand cœur

Voici un individu carrément sympathique. Chaleureux, spontané, franc du collier, il vous embrasse comme du bon pain. Ses poignées de main ont la vertu de vous ragaillardir. Il vous reçoit sans chichis, vous dispense sans compter une affection joviale, ne ménage pas ses bourrades réconfortantes et vous quitte sur une accolade bourrée d'émotion. La compagnie tonique de ce grand cœur est très stimulante.

ILS LUI RESSEMBLENT : *le chaleureux, le sympathique.*

COURAGEUX

Cœur vaillant

Dans les situations de stress où vous êtes à cran, lui a du cran. Ce valeureux personnage fait front. Il regarde la réalité droit dans les yeux. S'il doit se rendre à l'échafaud, à l'ennemi ou rendre son âme, il le fera la tête haute. Son cœur vaillant déborde de ressources. Là où d'autres, accablés, croûlent, craquent, se crevassent, il se cramponne et cravache sa volonté.

ILS LUI RESSEMBLENT : *le brave, le fort.*

COUREUR

Cœur d'artichaut

De jupon en jupon (mais qui porte encore des jupons ?), ce Don Juan dépense une énergie d'athlète. Il les lui faut toutes, les jolies femmes (avec ou sans jupon) et même les laiderons. Quelque part, c'est mignon, c'est touchant, cet amour immodéré pour le beau sexe. Sa quête effrénée de conquêtes lui rend hommage. Mais quels dommages elle crée ! Tiens, c'est trop bête. Au lieu de nous amollir le cœur, pour mieux le briser, il devrait s'entraîner pour les Jeux olympiques. Et là, promis-juré, on l'embrasserait toutes, ce coureur, comme du bon pain.

ILS LUI RESSEMBLENT : *le cavaleur, le tombeur, le séducteur.*

COURTISAN

Lèche-bottes

Les cours royales se font rares. Pas les courtisans. Leur propension à lécher les bottes peut surprendre. Seraient-ils des fétichistes, des maniaques de la chaussure ? Point du tout ! Ils ont les pieds sur terre et la tête sur les épaules. Ils rêvent manteaux d'hermine, couronnes de lauriers, rosettes de la Légion d'honneur. Pour les obtenir, ils s'aplatissent comme des carpettes. Dans cette position incommode, ils cajolent les puissants pour obtenir leurs faveurs. Les plus opiniâtres d'entre eux y parviennent. Au faîte de la gloire, leur superbe en gardera comme un relent de poussière.

ILS LUI RESSEMBLENT : *le flatteur, l'obséquieux.*

COURTOIS

D'une politesse exquise

Des cours royales, l'individu courtois n'a gardé que les bons côtés. Ce petit quelque chose de chevaleresque qui distingue les âmes hautes. Sa politesse à lui, chacun en bénéficie. Il ne vous demande pas votre curriculum vitæ avant de vous accorder le bonjour. Donnez-lui votre numéro de téléphone sans états d'âme. Poli, aimable, soucieux de votre bien-être, il ne dérangera ni vous, ni vos petites affaires. Sa compagnie est bien douce.

ILS LUI RESSEMBLENT : *le bien élevé, le gentleman.*

CRAINTIF

Pauvre petit chat !

Il vit roulé en boule. Approchez-le avec
d'infinies précautions. Ce petit animal palpitant s'effarouche vite. Non qu'il soit poltron. Mais ses antennes toujours en alerte
lui chuchotent qu'il vit dans une jungle
impitoyable. D'instinct, il redoute vautours,
langues de vipère, jeunes loups aux dents
longues, coqs de village, pies-grièches et
autres vieilles chouettes. Son inquiétude
maladive le rend touchant. On l'adopterait
bien comme un chaton abandonné. Sans
trop savoir comment l'apprivoiser.

ILS LUI RESSEMBLENT : *le frileux, le peureux, le timoré.*

Parlons plutôt de ma courtoisie. Elle était
célèbre et pourtant indiscutable. La politesse
me donnait en effet de grandes joies.
Si j'avais la chance, certains matins,
de céder ma place, dans l'autobus ou le métro,
à qui la méritait visiblement, de ramasser
quelque objet qu'une vieille dame avait laissé
tomber et de le lui rendre avec un sourire
que je connaissais bien, ou simplement
de céder mon taxi à une personne plus pressée
que moi, ma journée en était éclairée.
Je me réjouissais même, il faut bien le dire,
de ces jours où, les transports publics étant

en grève, j'avais l'occasion d'embarquer
dans ma voiture, aux points d'arrêt
des autobus, quelques-uns de mes malheureux
concitoyens, empêchés de rentrer chez eux.
Quitter enfin mon fauteuil, au théâtre,
pour permettre à un couple d'être réuni,
placer en voyage les valises
d'une jeune fille dans le filet placé trop haut
pour elle, étaient autant d'exploits que
j'accomplissais plus souvent
que d'autres parce que j'étais plus attentif
aux occasions de le faire
et que j'en retirais des plaisirs mieux savourés.

A. Camus, *La Chute*, © Gallimard.

CRÂNEUR

Usurpateur

Regardez-le, ce prétentieux ! Il prend des poses avantageuses, joue au petit dur, fait son bravache. De quoi je me mêle, qu'est-ce que ça veut dire ? On se calme ! Qu'il manifeste son courage, son esprit d'à-propos, sa détermination farouche, quand les circonstances le mettront le dos au mur, face au danger. À force de se vanter, le crâneur court le grand risque de réagir en poltron à la première occasion. Dur pour lui !

ILS LUI RESSEMBLENT : *le fier-à-bras, le matamore, le vaniteux.*

CRÉATIF

Esprit vif

Le créatif a gardé la grâce des enfants qui découvrent le monde et s'émerveillent d'un rien. Lui, le monde, il le réinvente chaque matin. Il démonte les mots usés, les vérités éculées, les certitudes à bout de souffle, les espoirs fous, les désespérances, comme on éparpille un puzzle patiemment construit. Puis, il agite ce matériau composite dans le kaléidoscope de son imagination. Il en extrait un tableau, un poème, une musique, un remède... Il nous offre, en cadeau, ce regard neuf, inspiré. Son travail de bâtisseur ne va pas sans souffrance. Le créatif est souvent un écorché vif. Pas facile à vivre, il nous aide pourtant à vivre.

ILS LUI RESSEMBLENT : *l'imaginatif, l'inventif, le novateur.*

CRITIQUE

Examinateur

En principe, l'esprit critique est une bonne chose. Il éclaire la réalité avec l'efficacité d'une lampe halogène. Il devrait mettre en évidence – avec une impartialité tranquille – nos côtés ombre comme nos côtés lumière. Mais le critique éprouve parfois un malin plaisir à tout compliquer. Il fait de l'ombre à notre lumière et met en lumière nos plus sombres recoins. Obsédé par sa besogne ménagère, il en oublie de vérifier s'il reste aussi bien propre sur lui.

ILS LUI RESSEMBLENT : *l'appréciateur, le commentateur, le dénigreur.*

CURIEUX

Esprit gourmand

Jouez-le passionné : c'est l'archéologue qui fouille avec la même fougue les tréfonds de la Finlande et des îles Fidji. Jouez-le perfide : c'est le petit fouineur qui met à sac les tiroirs secrets de votre vie. Jouez-le insolite : c'est l'hurluberlu qui ne ressemble à personne. Jouez-le maniaque : c'est le collectionneur de timbres qui compte et recompte les dents de ses précieuses vignettes. Jouez-le humaniste : voici un esprit généreux qui englobe dans la même attention bienveillante l'homme de la rue et les civilisations englouties.

ILS LUI RESSEMBLENT : *le fureteur, l'indiscret, l'ouvert à tout.*

CYCLOTHYMIQUE

Girouette

Il va tout bien, ou tout mal. Il déprime un max et rebondit, d'un coup, dans une exaltation vertigineuse. Pour retomber, soudain, dans une mollesse inexplicable. Est-ce un bien ? Est-ce un mal ? Son comportement n'est confortable ni pour lui, ni pour son entourage. On peut lui reprocher de se laisser ballotter par les événements au lieu de prendre sa vie en main. Il manque sans doute de force d'âme. Il souffre sûrement d'une sensibilité trop vive.

ILS LUI RESSEMBLENT : *l'imprévisible, le versatile.*

CYNIQUE

Mauvais vivant

Parlez-lui d'amour, il vous rit au nez. Parlez-lui de courtoisie, il vous fait un pied de nez. Parlez-lui d'enthousiasme, il vous nargue et se cure le nez. Demandez-lui un service : il vous ferme la porte au nez. Motivez-le pour les Restos du cœur : il pique du nez dans son assiette. Il méprise la beauté et la bonté ; la délicatesse et la politesse ; les sentiments, les serments, les engouements, les égarements du cœur, les adieux sur les quais de gare, les retrouvailles, les bisous, les billets doux, les vieux nounours, les bébés craquants, les musiques planantes... L'individu cynique piétine tout ce qui vous émeut, vous transporte, vous fait vibrer.

ILS LUI RESSEMBLENT : *l'impudent, l'insolent.*

DÉBAUCHÉ

Noceur

Dans un film, le débauché est un sujet en or. Avec lui, on est à la noce ! Haletant, on le suit de turpitudes en turpitudes. On le quitte ivre mort, on le retrouve dans un hôtel borgne. Il sabre le champagne à la hussarde, se bâfre, flambe son fric, remplit

sa décapotable de crapules dans son genre
et de filles faciles, puis file comme le vent
vers d'autres orgies... Dans la vie, ce
dévergondé vous dégoûte, vous désespère,
vous entraîne en enfer.

ILS LUI RESSEMBLENT : *le dépravé, le dissolu.*

DICTIONNAIRE DES VICES ET VERTUS

DÉBROUILLARD

Petit futé

Rusé, futé, dégourdi, il a toujours plusieurs cordes à son arc et jamais les deux pieds dans le même sabot. C'est un bricoleur de première ; un esprit inventif qui adore contourner les difficultés ; un petit malin qui connaît toutes les ficelles. Si vous l'avez dans votre manche, il vous filera de bons tuyaux et vous donnera de précieux coups de main. S'il joue contre vous, ce petit roublard peut rondement vous mener en plein sac d'embrouilles.

ILS LUI RESSEMBLENT : *le déluré, le malin.*

DÉCIDÉ

Coureur de fond

Observez attentivement sa démarche. Cette façon déterminée qu'il a de poser un pied devant l'autre dans une direction donnée. L'œil perçant, les épaules dégagées, le jarret nerveux, il s'engage résolument, ne perd pas de temps aux carrefours, ne musarde pas devant les vitrines, enjambe les obstacles sans ralentir le pas. Où va-t-il avec tant de vivacité ? Là où sa volonté lui dit d'aller. Que cela lui plaise, ou non.

ILS LUI RESSEMBLENT : *le déterminé, le résolu, le volontaire.*

DÉDAIGNEUX

Distributeur de mauvais points

Dans la ville, quoi qu'on ne les apprécie guère, il faut bien des contractuels qui collent des contredanses aux conducteurs mal garés. Sinon, comment circuler ? Dans la vie, le dédaigneux se promène avec un carnet à souches. Il distribue au petit bonheur ses tickets de mépris. Il nous plonge dans la honte, comme ça, pour le plaisir. Il a grand tort. Il sera puni. On ne l'aime pas. Tant pis pour lui !

ILS LUI RESSEMBLENT : *le condescendant, le hautain, le méprisant.*

Ce portier avait une physionomie singulière.
La pupille saillante et verte de ses yeux
s'arrondissait comme celle d'un chat ;
les contours immobiles de ses paupières
annonçaient l'impossibilité de toute
sympathie ; ses lèvres minces se développaient
en demi-cercle sur des dents qui avançaient.
Cependant cette physionomie ne montrait pas
le crime, mais plutôt cette insensibilité
parfaite, qui inspire bien plus de terreur à la
jeunesse. Le seul sentiment que le regard
rapide de Julien put deviner sur cette longue
figure dévote fut un mépris profond
pour tout ce dont on voudrait lui parler,
et qui ne serait pas l'intérêt du ciel.

Stendhal, *Le Rouge et le Noir.*

DÉFAITISTE

Vaincu d'avance

Lui est accroupi, rabougri, démonté. Le ciel lui est tombé sur la tête une fois pour toutes. Toute confiance l'a abandonné. Il a rendu les armes. Retranché derrière son bouclier, il attend que la vie passe. Il n'en espère rien de bon. Vaincu, il prie pour que le pire – au moins – se perde en chemin.

ILS LUI RESSEMBLENT : *le perdant, le pessimiste.*

DÉGONFLÉ

Trouillard frimeur

Une malheureuse histoire de chambre à air. Il a activé comme un malade sa pompe à vélo. Buste bombé, biceps saillants, la bouche en cœur, il était partant pour tous les coups fumants. Jusqu'à ce qu'un sifflement suspect donne l'alerte. Vous l'aviez quitté des yeux une seconde, gonflé à bloc. Vous le retrouvez raplapla, ramollo, crevé, une loque. C'est un lâche qui ne peut s'empêcher de frimer.

ILS LUI RESSEMBLENT : *le couard, le pleutre, la poule mouillée (fam.).*

DÉLICAT

Élégance du cœur

Une éblouissante énigme. Cet être-là est
pétri de qualités de cœur. Des qualités qui
pèsent leur pesant d'or. Et il traverse notre
vie avec une légèreté de plume. Subtil et
sensible, attentif et attentionné, intelligent
et intuitif, il devine la moindre de nos
nuances, accepte toutes nos mouvances.
Le côtoyer, c'est rencontrer un ange. C'est
si doux qu'on n'ose croire à sa réalité.
Cette extrême finesse, pour rien au monde
on ne voudrait la briser.

ILS LUI RESSEMBLENT : *le délicieux, l'exquis, le fin.*

DÉLURÉ

Sans complexes

Vif d'esprit, d'allure et de caractère, ce personnage alerte n'y va pas par quatre chemins. Il affirme ses opinions ; elle affiche ses sentiments. Dans une soirée, ce sont des boute-en-train. Au collège, ils émettent des ondes pétillantes lors des cours les plus soporifiques. En voyage, ils n'ont nul besoin de parler la langue pour lier connaissance. La langue, d'ailleurs, ils l'ont bien pendue. Un flic les prend en flagrant délit de sens interdit ? Ils galèjent et l'enjôlent avec un tel brio qu'ils échapperont – qui sait ? – à la contredanse.

ILS LUI RESSEMBLENT : *le dégourdi, l'éveillé.*

DÉMAGOGUE

Faux ami

Il vous aime du fond du cœur et compatit à vos malheurs. Il comptabilise avec un soin jaloux les injustices qui vous accablent. Il va arranger tout ça, promis-juré. Il passe d'ailleurs son temps à vous promettre monts et merveilles. Ébloui par tant de bienveillance, vous vous prenez à aimer furieusement votre sauveur. Enfin, quelqu'un qui vous comprend et vous défend ! Cela dit, ne comptez pas sur lui pour décrocher la lune... Il a décroché – lui – ce qu'il convoitait : une place de choix dans votre cœur.

ILS LUI RESSEMBLENT : *le flagorneur, l'hypocrite.*

DEMANDEUR

À votre bon cœur

Il mendie, il fait la manche. Pas au coin de la rue. Au beau milieu de votre vie. Il passe son temps à vous taper. Il a besoin de cent balles, de votre raquette de tennis, de l'adresse de votre coiffeur. Vous n'auriez pas, par hasard, une copine à lui présenter ? Une guitare inemployée qui vous encombre ? Des trésors d'affectueuse patience à lui consacrer ?

Voilà pour le demandeur encombrant. Il en existe d'autres, infiniment plus excitants. Qui attendent beaucoup de votre sagesse, de votre culture, de votre expérience. Ceux-là sont charmants. Ils vous trouvent captivant. Ils vous le prouvent.

ILS LUI RESSEMBLENT : *le quémandeur, le solliciteur.*

DÉMOCRATE

Liberté, égalité, fraternité

Ce citoyen a le cœur du côté des citoyens. Pas de privilèges ; pas de races inférieures. Chaque individu a sa dignité, sa liberté, son mot à dire dans la société. Chaque individu est respectable à l'exclusion des tyrans, des despotes, des fascistes. Mais cette belle idéologie n'est pas toujours facile à vivre. Notre démocrate peut tyranniser ses propres enfants, exploiter honteusement sa secrétaire. Cet ennemi de l'aristocratie se montre grand seigneur avec ses amis.

ILS LUI RESSEMBLENT : *l'égalitaire, le libéral.*

DÉMONIAQUE

Enfer et damnation

Certains ont le diable au corps. Lui, il l'a dans l'âme. Une âme noire et fourchue qui luit dans son regard féroce. Cet individu satanique ourdit contre vous de sombres complots. Son intelligence proprement diabolique se voue à votre perte. Ses machinations machiavéliques vous laissent pantois : il prend un malin plaisir à transformer l'acte le plus innocent en action crapuleuse. Avec lui, enfer et damnation vous guettent au coin du bois.

ILS LUI RESSEMBLENT : *le diabolique, le satanique.*

DÉPENSIER

Panier percé

Un grand distrait. C'est toujours dans une poche trouée qu'il range son argent de poche. Un argent très liquide qui lui file entre les doigts comme par enchantement. Sa vie est un perpétuel courant d'air : il habite une maison pleine de fenêtres ouvertes par où il jette gros billets et menue monnaie. Qu'il soit riche ou pauvre ne change rien à l'affaire : cet étourdi dépense sans y penser.

ILS LUI RESSEMBLENT : *le dilapidateur, le gaspilleur.*

DÉPRESSIF

Perdu corps et biens

Il a perdu le chemin du bonheur. Il ne retrouve en lui ni joie, ni courage, ni enthousiasme. Il ne connaît même plus le sens de ces sentiments porteurs. Il a oublié comment on sourit, quel bruit font ses rires. Il est affreusement las, mort de fatigue. Il a peur. Peur de tout. Pas faim. Pas la pêche. Envie de rien. Sauf de pleurer. Et de dormir. Il ne sent rien. Que son mal-être. Et vous, en face de tant d'absence, vous vous sentez très mal, très désarmé.

ILS LUI RESSEMBLENT : *le désespéré, le neurasthénique.*

DÉSABUSÉ

Accidenté de la vie

Ne pas confondre avec le blasé. Le désabusé, lui, y a cru. Il s'est emballé pour une belle idée, un grand projet. Il était partant, battant même. Il s'est accroché. Sans doute y a-t-il investi le meilleur de lui-même. Et puis quelqu'un – ou l'adversité – s'en est mêlé. Tout a foiré. Et son formidable enthousiasme est tombé à l'eau. Sa foi, sa fougue, sa flamme sont douchées. Il s'est senti penaud comme un chien mouillé ; triste comme un feu éteint. Alors, maintenant, il vit petit. Voir grand, ça lui a passé. Dommage.

ILS LUI RESSEMBLENT : *le désenchanté, l'échaudé.*

DÉSESPÉRÉ

Grenade dégoupillée

On le repère souvent trop tard. Un beau jour, il n'en peut plus de traîner le boulet de sa vie plombée. Abruti de désespérance, il met fin à ses jours. Ou bien, désespérant de se faire entendre, il détourne un avion, prend son équipage en otage. Le désespéré marche incognito à nos côtés comme une grenade dégoupillée. Il a épuisé les larmes, les plaintes, les appels au secours. Il a suivi inlassablement la ligne de crête des amours déçues, des rêves avortés, des projets brisés. Il erre dans la morne plaine de sa vie détruite. Il n'attend plus qu'une chose. Une étincelle de courage. Pour en finir.

ILS LUI RESSEMBLENT : *le déprimé, le malheureux.*

DÉSINTÉRESSÉ

Très intéressant !

Tout l'intérêt de ce personnage réside en ceci : il s'intéresse à ce que vous avez de vraiment intéressant. Votre argent, il s'en moque. Si votre richesse le ravit, c'est qu'il se réjouit sincèrement de vous savoir à l'abri du besoin. En revanche, il se soucie énormément de vos soucis. Il se mettra en quatre pour vous, sans jamais réclamer la monnaie de sa pièce. Sa richesse intérieure semble inépuisable. Il donne et se donne, gratuitement, gracieusement, généreusement. Un trésor.

ILS LUI RESSEMBLENT : *l'altruiste, le généreux.*

DÉSINVOLTE

Personnage ambigu

Il affecte la légèreté, l'insouciance. Il rit de tout, sourit de vos larmes et de vos alarmes. Pour un peu, il vous ferait croire qu'il est insensible, invincible, superficiel. L'est-il ? La chose n'est pas si sûre. Cette carapace d'indifférence, le désinvolte se donne un mal fou pour l'édifier, la rafistoler, la consolider. Conscient de ses problèmes – soucieux de ne pas les faire peser sur vous – il prend le risque de vous déplaire. Il mérite le bénéfice du doute. Son aisance excessive cache peut-être un fier courage.

ILS LUI RESSEMBLENT : *le décontracté, le détaché.*

DESPOTE

Esclavagiste

Il a sauté quelques chapitres de l'histoire du monde. Il croit qu'un homme, un seul (lui) peut gouverner ses semblables. Leur imposer sa loi, ses caprices, ses goûts, sa mauvaise humeur... selon son bon plaisir. Vous faites erreur, mon bon monsieur ! L'esclavage, la tyrannie, tout ça, c'est bien fini. Vous voulez gouverner à tout prix ? C'est bien facile. Voici un sujet tout trouvé sur qui régner : vous-même. Et si ce sujet vous semble sans intérêt (on ne vous le fait pas dire !) vous l'aurez bien voulu.

ILS LUI RESSEMBLENT : *l'autoritariste, le tyran.*

DÉTRAQUÉ

En dérangement

Quelque chose ne va pas. Il lui manque une case, ou elles sont trop grandes, ou il en a trop. Il est en déséquilibre. Cela peut nous faire beaucoup de peine. Cela nous fait aussi très peur. Comme une digue qui se rompt, son comportement menace de nous engloutir. On voudrait voler à son secours. On craint de se noyer. Pas facile !

ILS LUI RESSEMBLENT : *le désaxé, le déséquilibré.*

DÉVERGONDÉ

Voyageur sans balises

Sa vie ressemble à une autoroute sans glissières de sécurité. Il y déboule dans un irrespect absolu du code de la route. Il fait l'impasse sur deux repères essentiels : les sens interdits de la honte, le sens obligatoire de la fierté. Il se conduit à la « va comme je te pousse » et cela le mène tout droit dans le mauvais chemin. Quel acharnement dans l'erreur !

ILS LUI RESSEMBLENT : *l'impudique, le libertin.*

DÉVOUÉ

Âme donnée

Un personnage loyal, fidèle, serviable. Le défenseur infatigable des belles causes. Profondément bon, si indéfectiblement gentil qu'on souhaiterait réinventer le mot rien que pour lui. Ce n'est pas le gentil-guimauve qu'on aime bien tout en le trouvant un peu niais, un peu mièvre. C'est un Gentil majuscule, une belle âme qui se donne sans compter, sans ménager sa peine. Un cœur riche qui vous offre tout naturellement de puiser largement dans ses richesses.

ILS LUI RESSEMBLENT : *le bon, le fidèle, le secourable.*

DIPLOMATE

Ministre de la paix

Il consacre aux relations humaines l'art
consommé d'un grand cuisinier. Dans une
discussion, il saupoudre avec doigté juste
ce qu'il faut de fermeté, de concessions, de
compréhension. Il sait faire monter la
sauce, sans qu'elle déborde ni ne tourne à
l'aigre. Bien sûr, il vous manipule un peu.
Vous sentez bien qu'il vous soupèse, vous
épluche, vous assaisonne, vous remue.
Mais en douceur, tout en finesse, il arrive,
lui, à faire une omelette sans casser
d'œufs.

ILS LUI RESSEMBLENT : *l'habile, le conciliateur.*

DISCRET

Une aquarelle

Si l'on voulait esquisser le portrait de ce personnage, on utiliserait des tons pastel. Chez lui, rien de criard ni de gueulard. Tout en retenue, en demi-teinte, il ne se livre qu'à petites touches, légères, si légères. Il vous effleure à peine. Il respecte scrupuleusement votre jardin secret et prend un soin jaloux de vos confidences. Calme, pudique, presque impalpable, il émet un halo qui évoque une aube très douce.

ILS LUI RESSEMBLENT : *le pudique, le réservé.*

Notre tante qui rougissait comme une communiante sous les compliments estimait sans doute que l'humilité, la vertu cardinale, ne pouvait s'accompagner des lauriers d'une gloire littéraire, fût-elle locale. Peut-être aussi la crainte d'ébrécher le dogme. La fréquentation des sœurs avait fini de la convaincre que le péché commençait à la périphérie du contentement de soi. De même qu'elle avait fait une croix sur ses amours, la maternité et la plupart des plaisirs terrestres, elle comprimait soigneusement cette région d'elle d'où sourdait le chant.

J. Rouaud, *Les Champs d'honneur,* © Minuit.

DISSIMULATEUR

Grand cachottier

Il n'a pas envie du tout que l'on lise en lui à livre ouvert. Ses pensées, ses projets, ses sentiments, il vous faudra les deviner. Regard fuyant, visage impénétrable, il drape son moi intime d'un voile opaque. Il met tant d'acharnement à tout convertir en énigme que sa compagnie en devient harassante. Avec lui, vous n'êtes même plus sûr du temps qu'il fait.

ILS LUI RESSEMBLENT : *l'impénétrable, le renfermé.*

DISTRAIT

Jean de la lune

Ce rêveur étourdi n'habite qu'à demi notre planète. Il a souvent la tête ailleurs, mais où ? Parfois, on l'envie. On se dit que son royaume est sûrement bien joli, bien poétique, pour qu'il s'y évade comme ça, d'une minute à l'autre. D'autres fois, son humeur vagabonde nous blesse. On ne lui demande pas la lune, pourtant. Juste un peu d'attention. Eh bien non ! À califourchon sur sa petite étoile, le distrait nous abandonne à notre monde cruel.

ILS LUI RESSEMBLENT : *l'absent, l'absorbé.*

DOCILE

Enfant sage

Ce caractère-là est fait d'un tissu souple et extensible. Quelque chose comme du stretch, qui s'étire à la mesure de nos exigences, se moule à la forme exacte de nos désirs, pour reprendre ensuite sa place, une petite place, pas encombrante. L'individu docile est le partenaire idéal des personnages autoritaires. Ce que l'on ignore, c'est ce qu'il devient livré à lui-même. Cet enfant sage a-t-il une volonté propre, à laquelle il obéit sagement, comme il nous obéit, sans broncher ?

ILS LUI RESSEMBLENT : *le conciliant, le malléable, le soumis.*

DOCTE

Savant qui se sait

Il sait plein de choses. Il sait qu'il les sait. Il nous le fait savoir. Sans en rajouter. Ce personnage-là nous fait le même effet qu'une encyclopédie en vingt volumes. Pétrifié d'admiration, enchanté d'avoir sous la main un tel puits de science, on le consulte avec dévotion. Mais ce monument de connaissances exacerbe le sentiment de notre petitesse : auprès de cet érudit, notre propre savoir nous comble si dérisoire !

ILS LUI RESSEMBLENT : *l'instruit, le savant.*

DONNEUR DE LEÇONS

Démoralisant moraliste

Un petit juge qui se serait échappé du tribunal et qui s'échinerait à ramener tout un chacun dans le droit chemin. Il faut sans cesse qu'il vous raisonne, qu'il vous sermonne, qu'il vous culpabilise. « Tu aurais dû faire ceci ; tu t'y prends mal ; tu vas te planter, je t'aurai prévenu ! » Avec lui, quoiqu'il advienne, on a tout faux. On se sent comme un petit enfant barbouillé de confiture, pris en flagrant délit de gourmandise.

ILS LUI RESSEMBLENT : *le moralisateur, le sermonneur.*

DUR

Aire glaciaire

Il distille autour de lui une atmosphère gla-
cée, rigide. Imperméable à la tendresse, au
désarroi, à la désolation, il tranche dans le
tas, porte des jugements implacables,
oppose des refus inflexibles. Quand il vous
a bien miné le moral, il considère avec un
souverain mépris la pauvre chose brisée à
quoi il vous a réduit. Tant d'inhumanité,
une sécheresse de cœur si cruelle, cela
devrait être interdit.

ILS LUI RESSEMBLENT : *l'intraitable, le sans-cœur.*

Les mêmes lois pour tous !

OK, il y a la loi de mon pays,
de ma société.
Mais qu'est-ce qui
me garantit que
cette loi est juste ?

• • •

Le philosophe Pascal
affirmait déjà au XVIIᵉ siècle :
« Vérité en deçà des Pyrénées,
erreur au-delà. »
En somme, que l'on soit
d'un côté ou de l'autre de la
montagne, la vérité n'est pas
forcément la même.
Admettons par exemple qu'une
loi m'interdise de pratiquer
ma religion, ou bien de circuler
librement d'un bout du pays
à l'autre, ou même de me
réunir avec d'autres,
de créer un journal, de voter…
Tout cela parce qu'elle trouve
que c'est « mal ».
Faut-il alors accepter que ce
soit « bien » d'être privé
de libertés ? Évidemment non !
Peut-être serait-il plus juste
de définir ce qui est bien ou

mal de façon universelle,
parce que nous appartenons
tous à une même famille,
le genre humain, et que
tous les hommes doivent
bénéficier des mêmes droits.

UN DROIT NATUREL

Le système de lois défini
par une société s'appelle
le *droit positif* : il fixe
les règles du permis
et du défendu à l'intérieur
d'une société donnée,
il est donc relatif.
Le *droit naturel* est ce que
l'on estime nécessaire
à tout homme pour vivre
dignement en tant qu'individu
indépendamment de la société
dans laquelle il se trouve.
Les Déclarations des droits de ● ● ●

l'homme de 1789 et de 1948
servent de référence
à ce droit naturel.

POUR ÉVITER LES ABUS

Dans un cas, le droit positif,
on se fonde sur la morale
sociale. Cette morale est
relative. Elle change selon
les gouvernements de chaque
État. Dans l'autre,
on se fonde sur une morale
universelle et absolue
pour éviter les erreurs
et abus des gouvernements.
Évidemment, si la morale
universelle et la politique
étaient d'accord, cela
arrangerait tout le monde.
Vous trouverez toujours
quelqu'un qui croit pouvoir
se passer de morale,

jusqu'au moment où il se
retrouve en prison.

ET SI TOUT ÉTAIT PERMIS ?

Et puis il y a aussi, au XIXᵉ
siècle, un philosophe
allemand, Nietzsche, qui pense
qu'il faut définir le bien et
le mal ainsi :
« Est bon tout ce qui exalte
en l'homme le sentiment
de puissance, la volonté
de puissance, la puissance
elle-même », et « Est mauvais
tout ce qui a racine
dans la faiblesse ».
Il vante les mérites de
l'orgueil, de la domination,
de l'égoïsme et de la dureté.
Ce que d'autres considèrent
comme des défauts,
c'est justement ce que

● ● ●

Nietzsche recommande car,
selon lui, il y a deux types
d'hommes : les forts,
les seigneurs et les maîtres
d'un côté et les faibles
ou les esclaves de l'autre.
Et peu de temps après,
les nazis ont trouvé là
une caution à leurs actes.

CERVELÉ

Tête de linotte

Un dégourdi sans malice qui fait n'importe quoi sans penser à mal. Sans penser du tout : tout le mal vient de là. Dans sa petite tête d'oiseau, il manque l'espace de la réflexion. Ce lieu où l'on pèse le pour et le contre avant de se jeter dans l'action. Lui se lance à l'étourdie, à l'aveuglette. Son inconséquence peut déclencher des cataclysmes. Comme un oiseau qui pique du bec sur le pare-brise d'un avion, son attitude irréfléchie menace la sécurité ambiante.

ILS LUI RESSEMBLENT : *l'étourneau, l'évaporé.*

EFFRONTÉ

Un sacré culot !

Quel toupet ! Quelle véhémence dans l'insolence ! On peut envier son audace, la sidérante assurance dont il témoigne en toute occasion. Mais son côté sans-gêne nous gêne ; son aisance nous rend mal à l'aise. On voudrait le voir glisser du culot gratuit au courage payant. Puisqu'il n'a peur de rien, ni de personne, qu'il ose donc voler au secours des plus faibles, au lieu de nous voler dans les plumes !

ILS LUI RESSEMBLENT : *l'insolent, le malappris.*

ÉGOCENTRIQUE

Son moi l'intéresse

Moi, moi, moi... il ne pense qu'à ça. Il se passionne pour l'épicentre de son univers. Il scrute avec une vigilance maniaque le moindre soubresaut de son petit volcan intérieur. Cette lueur, en lui, est-ce un éclair de génie ou la toute première étincelle d'une maladie mortelle ? Il se le demande. Il nous le demande, avec une insistance embarrassante. Qu'il reste vissé sur lui-même, après tout, c'est son problème. Mais qu'il nous y visse, en plus, c'en est trop !

ILS LUI RESSEMBLENT : *le narcissique, le nombriliste (fam.).*

ÉGOÏSTE

De tout cœur avec lui-même

Tout ce qui le concerne lui tient à cœur. Et cela, on ne saurait le lui reprocher. Tandis qu'il prend soin de sa précieuse personne, il ne nuit pas à autrui. Il laisse ainsi tout loisir à son voisin de s'occuper tranquillement de lui-même. Chacun vaquant à ses petites affaires, une société paisible peut s'organiser. Évidemment, c'est un peu juste. Mais c'est un début. Ayant pris leur propre vie en main, tous les égoïstes de la terre se donneraient l'autre main. Ce ne serait pas si mal... Que vous en semble ?

ILS LUI RESSEMBLENT : *l'individualiste, le personnel.*

EMMERDEUR

Semeur d'embrouilles

En voilà un qui ferait mieux de s'occuper davantage de lui-même. Qu'a-t-il besoin de nous casser les pieds sans cesse ? Pour se sentir bien dans sa peau, il lui faut enquiquiner d'abord tout son entourage. Rasoir, lourd, encombrant, assommant... cet empoisonneur s'accroche, s'incruste, s'impose, vous indispose. Quel fâcheux pot de colle ! Sans doute paniqué à l'idée de régler ses propres problèmes, il s'ingénie à en créer aux autres. Ainsi, pense-t-il, les siens se noieront dans la masse. Son truc est nul. Mais il y tient, hélas !

ILS LUI RESSEMBLENT : *le crampon (fam.), le raseur (fam.), le trouble-fête.*

ÉMOTIF

Troublé, troublant

Vulnérable, impressionnable à l'excès, ce grand sensible est à manipuler comme de la dynamite. Tout l'atteint de plein fouet – le doux, le dur –, il vit en état de choc permanent. Effleurez-le : il rougit, balbutie, tremble et se trouble. Empli d'émois intérieurs, il résonne comme un tambour aux sentiments qui rôdent alentour. Tout ce qui vous concerne le touche : votre chagrin l'anéantit, vos soucis le taraudent, votre joie le transporte, votre ardeur l'empoigne avec fougue. Cette compassion vibrante le rend adorable. Mais il vibre si dense, si dru, qu'on en a mal pour lui.

ILS LUI RESSEMBLENT : *l'hypersensible, l'impressionnable.*

EMPOTÉ

Plante verte

Pauvre bête ! Il est aussi déluré, aussi autonome, qu'un bégonia rivé à son pot, cramponné à son tuteur. L'esprit d'initiative, en
lui, se trouve entravé par mille barrières.
Manque d'adresse, manque d'aisance,
manque d'assurance. Non qu'il n'ait pas le
souci de bien faire. Mais il ignore comment
s'y prendre. C'est un bricoleur du
dimanche, hanté par sa lenteur, paralysé
par sa lourdeur, obsédé par son incompé-
tence. Ses scrupules vous coupent les
ailes : comment aider quelqu'un qui croit si
peu en ses propres capacités ?

ILS LUI RESSEMBLENT : *le balourd, l'emprunté, le
gauche.*

ENFANT TERRIBLE

Agitateur

Un révolutionnaire à plein temps. Où qu'il se trouve, il fait des vagues. Prenez un blanc d'œuf gluant, tout plat, tout bête, inoffensif : il vous le monte en neige, le fait mousser, et ça déborde. Objectivement, le résultat en vaut la peine. L'idée la plus mince y gagne une densité, une consistance, qui méritent qu'on s'y attarde, qu'on s'y attache. Mais ne comptez pas sur l'enfant terrible pour mener cette idée juteuse à son terme. Il a semé son ferment. Il a fait lever la pâte de vos désirs inconsistants. Déjà en dehors du coup, il vole au-devant d'autres pétrins. Ainsi est-il.

ILS LUI RESSEMBLENT : *le frondeur, l'instigateur le touche-à-tout.*

ENRAGÉ

Fou furieux

On pourrait en dire autant pour plus d'un trait de caractère. Pour tous ces individus qui sortent des normes, nous invectivent ou nous dérangent par leur seule existence. Pourquoi ne pas le dire à propos de l'enragé ? Libre à vous, ensuite, d'aborder chaque portrait excessif sous cet éclairage. Voilà. Avoir un enragé dans son entourage, de loin en loin, cela remet les choses à leur juste place. Il s'investit avec fougue, s'enflamme avec folie, s'oppose avec fureur. Il en fait trop, sans aucun doute. Mais sa rage ravive nos valeurs, ravigote notre train-train quotidien. La société est ainsi faite : il lui faut quelques trouble-fête pour ne pas rester figée, au garde-à-vous, entre trop de garde-fous.

ILS LUI RESSEMBLENT : *le déchaîné, le frénétique.*

ENSORCELEUR

Captivant charmeur

Un individu-phare. Il a un truc en plus – allez savoir quoi – qui vous harponne et vous tient sous le charme. Est-ce son physique, son esprit, sa voix ? Toujours est-il qu'il émane de lui une lumière, un halo fascinant, une aura irrésistible. Magicien, il exerce un pouvoir subtil : il nous sublime. À son contact, notre médiocrité fond comme par miracle. On se sent capable du meilleur. Mieux encore : tête baissée, hypnotisé, on se hisse sans effort à la crête de nous-même. Et cela nous semble la moindre des choses.

ILS LUI RESSEMBLENT : *l'enchanteur, le magicien.*

Plénitude n'est pas le mot pour une fille
de cet âge (disons quatorze ans), et pourtant
elle donnait tout de suite, cette enfant,
une impression de plein : qu'elle fût affairée
ou bien assise, ou bien étendue, immobile,
à rêver, qu'elle eût les yeux clos
et les lèvres entrouvertes et que son esprit
se fût écarté d'elle pour quelque somnolence,
la présence de son corps régnait
dans toute la pièce.

Elle était tout juste achevée, Pomme,
mais parfaitement homogène,
d'une extraordinaire densité.
Elle devait être ferme et charnue,
son âme aussi. Ce n'était pas de ces êtres
dont la présence se résorbe dans l'abstraction
du regard ou de la parole ;
ses gestes, ses occupations même
les plus futiles la réalisaient dans une sorte
d'éternité de chaque instant.

P. Lainé, *La Dentellière*, © Gallimard.

ENTÊTÉ

Butor buté

Un obsédé de l'obstination. Quand il a une idée en tête, il n'en démord pas. Il la suit mordicus, jusqu'à l'absurde. Sa ténacité confine au ridicule. Son climat intérieur n'est pas assez tempéré : ses emballements torrides nous glacent ; ses rejets glacés nous échauffent les oreilles. Certes, il a l'indéniable vertu d'exercer sa volonté. Mais on souhaiterait qu'il y mette des nuances. On aimerait surtout que son bon vouloir ne s'oppose pas systématiquement au nôtre.

ILS LUI RESSEMBLENT : *le cabochard (fam.), le têtu.*

ENTHOUSIASTE

Le feu de Dieu

Une flamme surnaturelle l'anime. Il possède la faculté prodigieuse de s'emballer pour les idées comme pour l'action. Il se lance avec un entrain joyeux, contagieux, dans les relations humaines comme dans les projets les plus menus de la vie ordinaire. C'est un « ravi » : la vie le transporte d'aise. Sa joie se nourrit d'un rien. Il s'exalte, se passionne, se donne à fond. Son ardeur fulgurante a quelque chose d'éblouissant, de miraculeux. Elle nous réchauffe, ou nous consume. Parfois, cette torche vive nous donne le sentiment cuisant de notre propre tiédeur.

ILS LUI RESSEMBLENT : *l'enflammé, le fervent.*

ENVIEUX

Malade de désir

L'envieux commet l'erreur funeste de considérer la vie par le petit bout de la lorgnette. Dans cette position inconfortable, il voit la vie d'autrui si magnifique que la sienne lui semble scandaleusement rabougrie. Ce constat injuste le mine. Bourrelé d'insatisfaction, malade de désir, le voici comme un mendiant torturé par une faim dévorante. Il veut tout. Il nous en veut d'avoir tout. Il nous tuerait. Il y parvient : sa fiévreuse convoitise nous tue.

ILS LUI RESSEMBLENT : *l'insatiable, le jaloux.*

ÉPICURIEN

Un grand sensuel

Pour donner un sens à sa vie, il se fie à ses cinq sens. Sous la douche, il éprouve un plaisir délicat à se faire mousser de la tête aux pieds. Narines dilatées, paumes éblouies, il effleure son corps avec la volupté que l'on doit éprouver en foulant les espaces éthérés du paradis. Il compose sa journée en gourmet, picorant ici et là quelques délices à déguster en solitaire. L'épicurien a découvert un grand secret : il n'y a pas de mal à se faire du bien. Sa morale, quelque peu égoïste, en vaut une autre. Il assure son propre bonheur, quoi-qu'il ne fasse pas forcément le nôtre.

ILS LUI RESSEMBLENT : *le bon vivant, le jouisseur.*

EXA   DICTIONNAIRE DES VICES ET VERTUS

EXALTÉ

D'une intensité survoltée

L'exalté ne vit pas, il vibre. Possédé de sève, traversé par un courant comme une rivière gonflée d'orages, mû malgré lui comme la roue d'un moulin... il n'est plus lui, il est la force qui l'envahit. Cet élan intérieur le grise, l'électrise. Ivre d'une ardente extase, il foisonne d'énergie folle, de puissance, d'extrême intensité. Il marcherait sur des clous, dormirait sur des braises, braverait à lui seul l'océan déchaîné. Transporté, illuminé, euphorique, l'exalté file comme un météore. Parfois, cette fièvre le déserte, son effervescence retombe. On le retrouve pantelant, désarmé, faible comme un fétu. Mais il rebondit vite et repart, toujours plus haut, toujours plus fort.

ILS LUI RESSEMBLENT : *l'allumé (fam.), le passionné.*

EXCESSIF

Abus du « trop »

L'excessif a le tort d'être trop. Trop exalté, trop déprimé, trop radin, trop dépensier, trop affectueux, trop bruyant, trop silencieux. Et ce trop nous indispose. Ses qualités mêmes y prennent un aspect quelque peu monstrueux : l'on se sent envahi, submergé, effrayé par tant de prévenance, de docilité, d'innocence ou de sincérité. Pour un peu, on serait exaspéré par son excès de vertus, et cela nous met mal à l'aise. En revanche, ses défauts nous rassurent : ils sont si voyants, si criants, que l'on se sent – enfin – en droit d'être excédé.

ILS LUI RESSEMBLENT : *le démesuré, l'outrancier.*

EXCITÉ

Comme une puce

À petites doses, l'excité a du bon. On ne sait trop quelle mouche le pique, mais sa frénésie nous divertit, sa vivacité nous ragaillardit, sa verve nous aiguillonne. Il n'a pas son pareil pour nous extirper de la torpeur morose ou du quotidien maussade dans lesquels on marine. Sa tumultueuse effervescence stimule en nous des envies assoupies : envie de rire, envie de partager sa chahuteuse turbulence, ou simplement envie de le gifler. Parce qu'à la longue, il faut bien en convenir, l'excité nous fatigue. Et l'on en vient à se languir de nos précédentes langueurs.

ILS LUI RESSEMBLENT : *l'agité, le nerveux.*

EXHIBITIONNISTE

Fada du zizi

Au pied de la lettre, cet individu est un pervers, un malade, un maniaque. Il éprouve un plaisir glauque, carrément malsain, à vous montrer son sexe. Sans se demander – sans vous demander – si la chose vous intéresse. Ces exhibitionnistes-là, tristement voyants, sont des malfaiteurs sanctionnés par la loi. Mais il en existe d'autres, moins voyants, tout aussi dérangeants. Avec une écœurante fatuité, ils vous déballent les plus menus détails de leur vie la plus intime. Ils dénudent leur cœur avec une arrogante impudeur, une obscénité tranquille. À écouter leurs confidences, on se fait l'effet d'être un voyeur.

ILS LUI RESSEMBLENT : *l'indécent, le satyre.*

EXTRAVAGANT

Perdant magnifique

Un adjectif qui ne s'emploie plus guère.
L'extravagance allait bien avec la magni-
ficence et la munificence : l'argent dépensé
à flots en fêtes folles, en tenues aussi coû-
teuses qu'excentriques.

Aujourd'hui, l'extravagant est un marginal
qui occupe sa marge avec panache. Un perdant, souvent, mais qui refuse d'arborer un
air perdu d'extraterrestre. Il préfère porter
crânement son déséquilibre. Faute de se
sentir dans la norme, il sera un fou splen-
dide, un givré génial, un fêlé de première.

ILS LUI RESSEMBLENT : *le déraisonnable, le farfelu.*

EXTRAVERTI

Plutôt bien dans ses baskets

À l'aise dans ses baskets, l'extraverti se sent partout comme chez lui. Curieux, observateur, il s'intéresse au monde dans lequel il vit. Les gens, les objets, la mode constituent pour lui un spectacle passionnant qui satisfait son goût du mouvement et de la nouveauté. Expansif et spontané, il se confie volontiers. Ses sentiments ne lui posent pas de problème. Il se fie à son intuition, suit ses instincts : il déclarera qu'il vous aime (ou vous déteste) avec une sereine objectivité. Sans complexes ni malveillance. Tout comme il affiche sa prédilection pour les pâtes fraîches ou son aversion pour la tête de veau vinaigrette.

ILS LUI RESSEMBLENT : *l'épanoui, le naturel, l'ouvert.*

EXTRÉMISTE

Jusqu'au-boutiste

La tiédeur est son ennemie intime. Ce passionné ne saurait se complaire dans un climat tempéré. Il lui faut le feu, il lui faut la glace, il lui faut des combats. Ses idées, ses ambitions, ses convictions, il les vit à fond, coûte que coûte. Ses projets, il les mènera à terme, en dépit des obstacles, des critiques, des menaces, même. Parlez-lui raison : vous ne ferez qu'aiguillonner sa virulente détermination. Desperado ou pasionaria, il prend la vie à bras-le-corps comme un torero affronte un taureau. Pour lui, l'alternative est claire : vaincre ou périr.

ILS LUI RESSEMBLENT : *le fanatique, l'intolérant.*

EXUBÉRANT

Gonflé de sève

Un personnage touffu qui fuse, s'évase, déborde de toutes parts. Comme ces luxuriantes plantes tropicales qui s'épanouissent à n'en plus finir, gorgées de sève, gavées de pluies torrentielles, impatientes du plein soleil comme des étoiles. Expressif en diable, exalté, expansif, l'exubérant exulte de joie, explose d'amour ou d'enthousiasme. Il vous saute au cou, vous enlace, vous couvre de baisers, vous confie avec verve les mille et une menues merveilles dont il nourrit sa prodigieuse vitalité.

ILS LUI RESSEMBLENT : *le débordant, le démonstratif, le fougueux.*

FAIBLE

Sans ressort

Il a comme un défaut de fabrique. Il lui manque une pièce maîtresse. Il n'est outillé ni pour rebondir, ni pour se rebiffer. Que tonne l'autorité ou que pleuvent les coups du sort, le faible plie l'échine, s'avachit, s'évanouit. Il se conduit comme une mauviette. Ou, plus exactement, il ne se conduit pas du tout. Il se laisse dériver. Ballotté entre le médiocre et le pire, il n'atteint le meilleur que par le plus pur des hasards. Un meilleur qui d'ailleurs lui fait peur : de cette hauteur, quand il va tomber – car il va tomber – cela va faire mal ! La vie l'accable assez pour que nous ne l'accablions pas davantage.

ILS LUI RESSEMBLENT : *le lâche, le veule.*

FAINÉANT

Bienheureux flemmard

Pourquoi, mais pourquoi dit-on de lui qu'il a un poil dans la main ? Posez-vous la question mais ne vous avisez surtout pas de la lui poser ! Occupé nuit et jour à caresser sa paresse dans le sens du poil, le fainéant ne saurait être à la fois au four et au moulin. « Chacun son métier », pense-t-il avec sagesse. Lui s'emploie à cultiver sa flemme avec une inlassable assiduité. Pourquoi ferait-il aujourd'hui ce que d'autres accompliront si bien demain à sa place ? À l'abri du stress, du surmenage, de l'infarctus, il ne court qu'un risque : celui de se demander un beau soir ce qu'il a bien pu faire de sa vie.

ILS LUI RESSEMBLENT : *le cossard (fam.), le paresseux.*

Phédon a les yeux creux, le teint échauffé,
le corps sec et le visage maigre ; il dort peu,
et d'un sommeil fort léger ; il est abstrait, rêveur,
et il a avec de l'esprit l'air d'un stupide :
il oublie de dire ce qu'il sait, ou de parler
d'événements qui lui sont connus ;
et s'il le fait quelquefois, il s'en tire mal,
il croit peser à ceux à qui il parle,
il conte brièvement, mais froidement ;
il ne se fait pas écouter, il ne fait point rire.
Il applaudit, il sourit à ce que les autres lui disent,
il est de leur avis ; il court, il vole pour leur rendre
de petits services. Il est complaisant, flatteur,
empressé ; il est mystérieux sur ses affaires,
quelquefois menteur ; il est superstitieux,
scrupuleux, timide.

Il marche doucement et légèrement,
il semble craindre de fouler la terre ;
il marche les yeux baissés, et il n'ose les lever
sur ceux qui passent. Il n'est jamais du nombre
de ceux qui forment un cercle pour discourir ;
il se met derrière celui qui parle, recueille
furtivement ce qui se dit, et il se retire
si on le regarde. Il n'occupe point de lieu,
il ne tient point de place ;
il va les épaules serrées, le chapeau abaissé
sur ses yeux pour n'être point vu ;
il se replie et se referme dans son manteau ;
il n'y a point de rues ni de galeries
si embarrassées et si remplies de monde

où il ne trouve moyen de passer
sans effort, et de se couler sans être aperçu.
Si on le prie de s'asseoir, il se met à peine
sur le bord d'un siège ; il parle bas
dans la conversation, et il articule mal ;
libre néanmoins sur les affaires publiques,
chagrin contre le siècle, médiocrement prévenu
des ministres et du ministère.
Il n'ouvre la bouche que pour répondre ;
il tousse, il se mouche sous son chapeau,
il crache presque sur soi, et il attend qu'il soit seul
pour éternuer, ou, si cela lui arrive, c'est à l'insu
de la compagnie : il n'en coûte à personne
ni salut ni compliment. Il est pauvre.

J. de La Bruyère, *Les Caractères*.

FANATIQUE

Illuminé aveugle

En abrégé, cela se prononce « fan » ou « fana ». En ce cas, il s'agit d'un individu qui voue une passion immodérée et exclusive à un être, un art, une religion, une idée. Cette toquade, passagère ou définitive, puérile ou savamment mûrie, peut prêter à sourire. Somme toute, elle ne cause pas grand tort à côté de l'aveuglement coupable dont témoigne le fanatique pur et dur. Celui-ci ne se contente pas d'encenser celui qu'il vénère. Il exterminerait bien tous les autres. Et cela donne Hitler, pour ne citer qu'un exemple de sinistre mémoire. Alors, on se calme, de grâce !

ILS LUI RESSEMBLENT : *l'extrémiste, le fervent, l'inconditionnel.*

FANTAISISTE

D'humeur vagabonde

Imprévisible, insaisissable. C'est un lutin, un farfadet qui vit à sa guise, au gré de ses humeurs fantasques. Les contraintes l'assomment, la discipline l'accable. Chez lui, la voix de la raison n'arrive pas à se faire entendre, tout grisé qu'il est par ce que lui susurre son imagination. Il obéit plus volontiers à ses envies, à ses lubies, à ses caprices. Son inégalité d'humeur s'exerce plutôt dans des registres plaisants. Sautillant, farfelu, souvent humoristique, le fantaisiste met du piment dans notre existence. Un personnage déroutant mais très attachant.

ILS LUI RESSEMBLENT : *l'artiste, le bohème.*

FARCEUR

Pitre facétieux

Il voit la vie comme une aimable comédie.
D'humeur badine, il trouve partout matière
à se divertir. Évoquez devant lui toute la
misère du monde, aussitôt il a l'œil qui
frise. Il a déjà un bon mot sur le bout de la
langue, cela le chatouille, il en frétille.
Non qu'il manque de cœur. Mais son cœur
est ainsi fait qu'il échappe aux lois de la
gravité et de la pesanteur. Il flotte là où
l'on s'enlise, porté par une bouée de belle
humeur. Enjoué, si réjoui qu'il ne résiste
pas à l'émoustillante envie de nous mener
en bateau.

ILS LUI RESSEMBLENT : *le blagueur, le malicieux.*

FATALISTE

C'est la vie !

Tout est écrit. Il faut prendre la vie comme elle vient. On n'y peut rien. Ainsi raisonne le fataliste. Si son horoscope lui prédit sept ans de malheurs, il s'y résout. Il attendra, le dos rond, d'hypothétiques jours meilleurs. Le bonheur, il l'accueille avec la même résignation désarmée. Vous ne le verrez guère sauter au plafond, hurler de joie ni fondre en larmes. C'est un personnage un peu terne, sans relief, sans folie. Épinglé à son destin, il passera de chenille à papillon sans s'émouvoir, sans nous émouvoir.

ILS LUI RESSEMBLENT : *l'apathique, le résigné.*

FÉTICHISTE

Personnage envoûté

Quel breuvage ensorcelant, quel philtre magique, quel sortilège a envoûté le fétichiste ? Comme un enfant pris aux filets d'un conte de fées, il a traversé le miroir de la réalité pour oublier sa timidité, ses angoisses, son besoin éperdu d'amour. Replié dans son univers magique, il s'entoure d'objets-fées. Des objets-talismans, des objets-sorciers qui le réconfortent et le rassurent. Les objets sont plus fidèles, plus disponibles que les êtres humains. C'est avec eux que le fétichiste vit une grande histoire d'amour. Il les cajole avec tendresse, les caresse avec volupté. Son adoration prête une âme ardente aux choses inanimées.

ILS LUI RESSEMBLENT : *l'animiste, l'idolâtre.*

FLAMBEUR

Enfant gâté prodigue

Dans une société frileuse qui a la nostalgie de bas de laine rondelets, de comptes d'épargne coquets, le flambeur craque comme une allumette. Regardez-le sauter au vol de son cabriolet rouge flambant neuf, franchir comme un feu follet la porte à tambour d'un bar ultra-chic et claironner d'une voix allègre : « Champagne pour tout le monde ! » A-t-il hérité d'un oncle d'Amérique, gagné aux courses, fait sauter la caisse du casino ? On ose à peine s'interroger. La folle prodigalité de ce grand prince débonnaire nous fascine. Il brûle la chandelle par les deux bouts et ce pétillant spectacle nous époustoufle.

ILS LUI RESSEMBLENT : *la cigale, le panier percé (fam.).*

FLATTEUR

Embaumeur d'amour-propre

Chez quel apothicaire se fournit-il ? À toute heure, cet enjôleur est prêt à vous passer de la pommade. De cette pommade-miracle qui défripe comme par enchantement les susceptibilités froissées, raccommode l'amour-propre déchiré, cicatrise l'orgueil blessé. En secouriste patenté, le flatteur sait très exactement faire du bien là où ça fait très mal. S'il était un tout petit peu plus sincère et infiniment moins opportuniste, ce serait le sauveur de l'humanité. Hélas ! le flatteur ne vous cajole que dans son propre intérêt Ce qu'il soigne, c'est son image, pas notre pauvre petit cœur meurtri.

ILS LUI RESSEMBLENT : *le complimenteur, le lèche-bottes (fam.).*

FLEGMATIQUE

Animal à sang froid

Ne pas confondre le flegme et la flemme ! Flemmards et flegmatiques y vont doucement, mais pas pour les mêmes raisons. Les uns s'économisent ; les autres savent bien que « patience et longueur de temps font plus que force ni que rage ».

D'un calme impressionnant, imperturbable, le flegmatique écoute la voix du bon sens. À quoi bon s'emballer ? Il prend les choses comme elles viennent et les mène à bonne fin. Sans surplus d'émotions. Sans plus de passion qu'une machine qui aurait pour mission de transformer un bœuf au pré en steacks hachés proprement surgelés.

ILS LUI RESSEMBLENT : *l'impassible, le placide.*

Il existe des hommes qui inspirent une

confiance aveugle et jouissent de privilèges

auxquels ils ne peuvent prétendre.

Guillaume Thomas était de cette race

bienheureuse.

On le croyait. Il n'avait aucune précaution

à prendre, aucun calcul à faire.

Une étoile de mensonge le menait droit

au but. Aussi n'avait-il jamais le visage

préoccupé, traqué, du fourbe.

Ne sachant ni nager, ni patiner,

il pouvait dire : Je patine et je nage.

Chacun l'avait vu sur la glace et dans l'eau.

J. Cocteau, *Thomas l'imposteur*, © Gallimard.

FOURBE

Faux-monnayeur

Le fourbe se prétend franc comme l'or, bon
comme du bon pain pétri d'excellentes intentions. Dans une comédie, son rôle nous ravit.
Servile à souhait, il exécute mille courbettes
devant les puissants pour mieux les dépossé-
der en douce. Il décoche force clins d'œil
complices au public pour appuyer ses
louches manœuvres. Sachant où est la farce
et qui en est le dindon, on applaudit à ses
manœuvres frauduleuses. Dans la vie, la
déloyauté du fourbe nous rend fous. Ce qui
nous tue, ce n'est pas tant sa traîtrise que
notre propre crédulité. Comment avons-nous
pu être assez aveugles pour prendre ses
bonnes paroles pour argent comptant ?

ILS LUI RESSEMBLENT : *le faux jeton (fam.), le sournois.*

FRIMEUR

As de la gonflette

Son acharnement à exhiber ses atouts a quelque chose d'attendrissant et de pathétique à la fois. Pourquoi veut-il à toute force nous convaincre qu'il est le meilleur en tout ?

À l'entendre, il surpasse Don Juan, Crésus, César et Einstein réunis. Nous, on veut bien. Ces gens-là, on ne les a pas connus, on aurait bien aimé, on est prêts à se réjouir de côtoyer quelqu'un d'aussi exceptionnel.

Mais, bizarrement, sa bosse des maths ne résiste pas à une simple addition, ses muscles d'acier se dégonflent au premier soupçon d'un danger probable, son banquier a des revers de fortune chaque fois que le frimeur doit nous offrir le café...

DICTIONNAIRE DES VICES ET VERTUS

Alors, à quoi bon avoir affaire aux meilleurs si l'on n'en retire rien de bon ?

ILS LUI RESSEMBLENT : *le fanfaron, le vantard.*

FRIVOLE

Cervelle d'oiseau

Le mot est joli, même si cela ne vole pas haut. Tout comme futile ou fanfreluche. Tous ces *f* vous effleurent d'une aile légère, si légère... Aile de papillon, de libellule, qui feraient des ronds dans l'eau, des ricochets rêveurs, comme par mégarde, en frôlant par hasard la surface d'un étang assoupi sous une jeune lune. Le frivole vous fera du mal sans penser à mal : il ne faisait que passer et se posait sans vouloir peser, juste le temps de se reposer. C'est vous qui avez voulu le prendre dans vos filets.

Autant pêcher une étoile filante. Sachez-le : on ne s'attache pas le frivole. Pas plus qu'on ne peut retenir les fils de la vierge, dentelles éphémères tissées par la rosée.

ILS LUI RESSEMBLENT : *l'inconstant, le superficiel, le volage.*

FRUSTRÉ

Déshérité désappointé

Il a le regard amer d'un enfant privé de dessert, l'air torturé du fauché affamé qui lèche la vitrine du pâtissier. Le frustré se sent dépossédé, injustement puni. On lui avait promis le grand frisson de la fête foraine. Il se voyait déjà, riant aux éclats, transporté d'aise d'une attraction à l'autre. Et voici qu'il déambule, le front bas, à l'écart des foules en délire. Pourquoi les autres ont-ils tant de plaisir quand lui-même éprouve tant de peine ? Une sorte de fatalité fait rater tous ses plans. Son cœur saigne de millions d'espoirs déçus. Il en a marre de passer à côté du bonheur. À force, le frustré s'aigrit. Il en devient hargneux comme une teigne.

ILS LUI RESSEMBLENT : *le déçu, le dépité, l'insatisfait.*

FUMISTE

Pas sérieux !

Un proverbe l'atteste : il n'y a pas de fumée sans feu. Le fumiste est l'exception qui confirme la règle. Chez lui, toute fumée prouve l'absence de feu. Il brasse du vent, vous agite sous le nez des nuages chimériques pour vous donner à croire qu'il a le pouvoir de faire la pluie et le beau temps. N'en croyez pas un mot. Le fumiste n'est jamais qu'un aimable illusionniste, un plaisant mystificateur. Un farceur prudent : s'il adore crier au feu, il se garde bien de jouer avec. Quand il s'agit de sa propre sécurité, le fumiste ne plaisante plus. Sa précieuse personne est sans doute la seule chose qu'il prenne vraiment au sérieux.

ILS LUI RESSEMBLENT : *le mauvais plaisant, le rigolo (fam.).*

GAFFEUR

Pas de bol !

Étourdi, impulsif, le gaffeur est le premier
surpris de son incurable maladresse. Il fait
gaffe, pourtant. Il s'applique. Vexé, penaud,
contrit, il s'en veut de ses bévues, déplore
ses « boulettes ». Il se lève chaque matin
bien décidé à mesurer ses mots, à y aller

mollo... Et patatras ! Une fois encore, il a mis les pieds dans le plat ! Manque de bol, manque de jugeotte, excès d'ingénuité ? Spontané, expansif, le gaffeur est souvent victime de sa franchise sans détour. Parfois, c'est son extrême gentillesse qui lui joue de mauvais tours. Entraîné par un vif désir de vous faire plaisir, il vise à côté de la plaque et vous égratigne.

ILS LUI RESSEMBLENT : *le gauche, le maladroit.*

GÂTEUX

Tout ramolli

Le gâteux évoque ces gâteaux glacés que l'on a sortis trop tôt du congélateur. C'est un individu qui se liquéfie. Il fond littéralement d'admiration, de douceur, de tendresse ou de nostalgie. À demi présentable, le gâteux a l'air un peu niais. S'il radote, s'il est du genre gâteux-grincheux qui rabâche de vieux griefs, pas de doute, il vous agace. Tandis que le gâteux-heureux avec sa bonne bouille de marmot barbouillé de confiture – une crème ! – est bien capable de vous faire fondre à votre tour.

ILS LUI RESSEMBLENT : *le gaga (fam.), le radoteur.*

GÉNÉREUX

Belle âme

Il peut bien être malingre ou obèse, timide, hirsute, mal fagoté. Son élégance vient du cœur. Quelle que soit son apparence, il émet des ondes de beauté, de bonté, de tolérance, d'indulgence, de bienveillante humanité. Croisez son regard, son regard nu, son regard riche, et tout vous est rendu. Lucide, lavé, limpide, son regard vous dit en substance : « Courage ! La vie n'est pas facile mais j'ai tant d'amour à vous donner ! » Son regard vous rassure. Cet être-là se sait imparfait et ne vous ordonne pas d'être irréprochable. Il vous offre tout ce qu'il a de courage, de vaillance, de pouvoir, de pardon. Il vous aime comme vous êtes. Il vous aide tel qu'il est.

ILS LUI RESSEMBLENT : *l'altruiste, le bienveillant, le bon.*

GÊNEUR

Partenaire paralysant

Un curieux malaise vous saisit en présence du gêneur. Moins déplaisant que l'emmerdeur, moins facile à repérer, il vous trouble, vous intimide. Vous vous sentez maladroit, à l'étroit, sans trop savoir pourquoi. Est-il lui-même troublé, mal à l'aise, ou alors trop rigide, trop exigeant, trop critique ? Difficile à dire. Vos relations se passent dans une embarrassante confusion. Vous n'osez ni lui en vouloir, ni lui dire ce que vous avez sur le cœur. Il paralyse vos émotions, embrouille vos sentiments, entrave votre liberté. Vous n'avez plus qu'une idée en tête : être ailleurs, ou qu'il disparaisse.

ILS LUI RESSEMBLENT : *l'importun, l'indésirable.*

Je passais aussi pour généreux et je l'étais.
J'ai beaucoup donné, en public et
dans le privé. Mais loin de souffrir
quand il fallait me séparer d'un objet ou
d'une somme d'argent, j'en tirais de constants
plaisirs dont le moindre n'était pas
une sorte de mélancolie qui, parfois,
naissait en moi, à la considération
de la stérilité de ces dons et de l'ingratitude
probable qui les suivrait.
J'avais même un tel plaisir à donner
que je détestais d'y être obligé.
L'exactitude dans les choses de l'argent
m'assommait et je m'y prêtais
avec mauvaise humeur. Il me fallait
être maître de mes libéralités.

A. Camus, *La Chute*, © Gallimard.

GENTIL

Trop mignon

Poli, prévenant, adorable, le gentil est d'aimable compagnie comme un animal familier. Sa présence fidèle nous tient chaud, ses câlins nous réconfortent. On se laisse volontiers cajoler. On pense à lui comme au pot de miel rangé dans notre placard : en cas d'angine ou d'insomnie, on se réjouit de l'avoir sous la main. Sans lui, qui mettrait tant de douceur dans notre vie ? Mais le gentil est un trésor qui a le tort d'être bien trop mignon. Si tout va bien, on le prend pour un pot de colle. On n'hésite pas à l'envoyer à la niche dès que son affection nous pèse. Notre ingratitude le désole. Pourtant, il nous consolera aussi souvent qu'il nous plaira.

ILS LUI RESSEMBLENT : *l'affectueux, le prévenant.*

GOURMAND

Savoureux expert

Friand de mets fins, notre gourmand s'épanouit, corps et âme, devant un bon petit plat. Au sens figuré, l'esprit gourmand manifeste la même heureuse disposition à goûter les plaisirs de la vie. C'est avec une mine réjouie qu'il savoure les petits bonheurs de chaque jour. Il déguste le doré craquant de la lumière, l'exquise tiédeur de l'air, le sel de la conversation, le moelleux de votre amitié, le fondant de la tendresse, la piquante acidité d'une repartie. Il croquera l'amertume du malheur avec la même curiosité passionnée. Heureux homme que ce bon vivant : tout l'émoustille !

ILS LUI RESSEMBLENT : *le bec fin, l'épicurien, le gourmet.*

GROGNON

Ourson mal léché

Il bougonne, ronchonne, rouspète... Moins acide que l'acariâtre, moins grincheux que le hargneux, le grognon trimballe ses humeurs maussades comme un bébé boudeur. Il arbore une moue de nounours abandonné, se dandine comme un canard boîteux qui se serait levé du pied gauche. On s'y fait, cela finit par nous faire rire. Le grognon possède un charme particulier. Il râle pour nous, c'est un bouc émissaire rêvé, un âne bénévole qui porte le fardeau de nos colères rentrées.

En dépit de son caractère impossible, on l'aime bien ce scrogneugneu de grognassou.

ILS LUI RESSEMBLENT : *le bougon, le ronchon.*

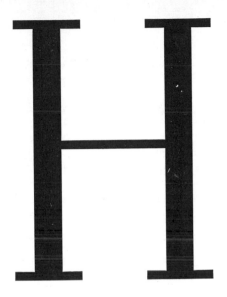

HARGNEUX

Buisson épineux

Petit roquet belliqueux ou vieille mégère
pas du tout apprivoisée, le hargneux a le
don de nous hérisser le poil. Il remâche
méchamment son virulent mécontente-
ment, crache ses remarques acerbes, distille sa colère rugueuse... Il en fait tant

dans le genre épineux, désagréable, qu'il
nous dispense du devoir de l'aimer comme
un autre nous-même. C'est vrai, il exagère,
il dépasse les bornes. Ortie il se veut,
qu'ortie il reste. Tant pis pour lui !

ILS LUI RESSEMBLENT : *l'acerbe, le grincheux, le tei-
gneux.*

HONNÊTE

Homme-modèle

Si vous croisez un honnête homme, cassez vos feutres rouges, déchirez vos cartons jaunes, passez vos idées noires à l'eau de Javel. L'honnête homme mérite un zéro faute. Ce n'est pas Zorro ; ce n'est pas un héros ; ce n'est pas un mythe. C'est vous ou moi, un être de chair et d'os, un être faible et vulnérable. Mais sincère. Mais loyal. Mais fidèle. Courageux, autant que faire se peut. Consciencieux. Fiable. Authentique. L'honnête homme ne vous promet pas monts et merveilles. Il vous émerveille. À quelque altitude qu'il se situe, son attitude demeure irréprochable. Un modèle du genre humain.

ILS LUI RESSEMBLENT : *l'intègre, le juste, le probe.*

HUMBLE

Soumis aux lois de la vie

Littéralement, il se situe à ras de terre, tout près de l'humus, sans songer à se faire mousser. Roseau pensant, if pensif, il se soumet aux lois du ciel. S'il étincelle, c'est grâce au hasard d'un rayon de soleil. S'il se déplume, c'est le vent qui le veut ou sa vie qui s'enfuit. Comme l'océan soumis à l'attraction de la lune, il se prête aux flux et aux reflux de l'existence. On peut le juger trop modeste. On souhaite parfois qu'il se rebiffe, qu'il manifeste sa force avec la violence aveugle d'un ouragan. Mais il en voit tant, autour de lui, de ces charlatans arrogants, de ces pécores bouffies d'orgueil... faire le fier ? Non merci, très peu pour lui !

ILS LUI RESSEMBLENT : *le simple, le modeste.*

HYPOCONDRIAQUE

Très, très mal en point

Un mélancolique terriblement soucieux. Oh, il voudrait tellement se dévouer, se dépenser, dégommer toute la misère du monde, décoincer les blocages de ses proches ! Seulement, voilà... Lui-même est très malade ou bien il va l'être, cela ne saurait tarder. Il profiterait bien de ce sursis pour aller vaincre la lèpre dans le tiers monde. Il peut le faire ! Mais, imaginez qu'il tombe malade en pleine opération humanitaire... Il ferait plus de mal que de bien, non ? Alors, l'hypocondriaque, sagement, reste sous sa couette, un thermomètre sous le bras. Sitôt hors de danger – promis, juré – il vole au secours d'autrui !

ILS LUI RESSEMBLENT : *l'angoissé, l'anxieux, le sombre.*

HYPOCRITE

Hyper-faux

Souvent, « hypo » signale un manque. (Lors
d'une crise d'hypoglycémie, par exemple, le
manque de sucre vous donne un coup de
barre. Il vous faut un coup de pouce pour
que ça redémarre.) À l'entendre, l'hypocrite,
lui, ne manque de rien. Paré de toutes les
vertus, il déborde d'indulgence à votre
égard. Il est l'ami qui vous veut du bien,
celui par qui tous les bonheurs arrivent.
Non mais quel culot ! Tout cela est faux et
archifaux ! Ses bonnes intentions sont
pavées de mauvais sentiments. Son cœur
d'or ? Du toc ! Hyperfourbe, l'hypocrite
n'est qu'un simulateur. Ajoutez foi à ses
promesses et ce joli cœur vous mettra
dans de beaux draps !

ILS LUI RESSEMBLENT : *le faux cul (fam.), le faux-jeton,
le sournois.*

HYSTÉRIQUE

Fou jeté

L'adjectif dérive du nom d'un organe très secret, très féminin : l'utérus. Nid obscur, cocon douillet, sas de sécurité dans lequel chaque être humain passe les neuf tout premiers mois d'une vie neuve. Comment ce havre paisible est-il devenu le symbole des folies furieuses, qu'elles soient individuelles ou collectives ? Qu'il rie ou qu'il crie, l'hystérique manifeste sans doute sa rage de devoir affronter la vie, son absolue désolation d'être venu au monde. Il hurle son désespoir, sa nostalgie poignante du sein maternel si doux, si tranquille.

ILS LUI RESSEMBLENT : *le caractériel, l'hypernerveux.*

La réponse des philosophes

« Dépensier, débauché
voire démoniaque,
cherche morale
pour vieillir heureux. »
Quelques philosophes
ont tenté de répondre
à cette petite annonce.

• • •

La recette de Zénon

Au IVe siècle av. J.-C.,
un philosophe grec, Zénon de
Citium (335-264),
propose comme recette
le *stoïcisme*. C'est une morale
de la liberté où la recherche
du bonheur est liée à l'art
de bien conduire sa vie.
Comment ? En comprenant
que l' « ordre du monde »
ne dépend pas de nous.
Nous ne pouvons rien changer
aux lois physiques ou
biologiques. Par contre,
nous sommes maîtres
de nos pensées, de nos désirs,
de nos jugements parce
qu'ils dépendent de nous.
Pour devenir sages et heureux,
il faut être en accord
et avec nous-même et avec le

monde. Commençons par
supprimer en nous les
passions dangereuses et cela
ira beaucoup mieux.
Soyons raisonnables et,
si nous ne sommes pas
maîtres de l'univers, nous
serons au moins maîtres
de nous-même.

LES PLAISIRS D'ÉPICURE

Un autre philosophe grec,
Épicure (341-270 av. J.-C.),
propose une morale du plaisir.
Pour être épicurien,
il faut éliminer nos angoisses
en ne craignant ni les dieux,
ni la mort. Pour vivre
pleinement, il faut savoir
reconnaître et choisir parmi
les plaisirs ceux qui sont
naturels et nécessaires,   ● ● ●

et ceux qui ne les sont pas.
Car tous les plaisirs ne sont
pas souhaitables.
Épicure, en effet, n'a rien
d'un débauché ou
d'un jouisseur. La preuve,
il écrit à un ami :
« Envoie-moi un petit pot
de lait caillé que je puisse
faire bombance quand j'en
aurai envie » !…
Évidemment, vu comme cela
le bonheur est simple.
À chacun de bien agir et
d'être raisonnable pour jouir
du temps présent.
Il existe d'autres morales,
d'autres réponses à la
question : que dois-je faire
pour vivre heureux ?
Certaines insistent sur le rôle
de la raison dans notre

responsabilité de choisir
le bien ou le mal.

LA MORALE CHRÉTIENNE

Pour d'autres, comme la
morale chrétienne proposée
par Jésus de Nazareth,
il y a 2 000 ans, ce n'est pas
la raison qui est importante,
c'est l'amour.
Ce que je dois faire,
je dois le faire par amour.
Aimer Dieu, aimer les autres
comme moi-même, mes amis
comme mes ennemis.
Au Ve siècle apr. J.-C.,
saint Augustin, philosophe
chrétien, résume cette morale
en une seule obligation :
« Aime et fais ce que tu veux. »
Pas évident et très exigeant.

IDÉALISTE

Épris d'amour

Sa grande idée, la voici : le monde est beau et l'homme est bon. Il suffit d'y croire, de le vouloir très fort. Il suffit de manifester énormément d'amour pour que la terre tourne rond. Puisqu'elle est ronde, me direz-vous, où est le problème ? Et l'amour,

tout le monde est pour, non ? Dans sa tête,
l'idéaliste a raison. Pourtant, la réalité lui
donne souvent tort. Dans la vie concrète, il
y a l'amour et puis la haine. Il y a du beau
et du laid, du bon et du mauvais. Et il nous
faut faire avec. L'idéaliste n'a pas vraiment
les pieds sur terre. Mais sa vision est si
belle !

ILS LUI RESSEMBLENT : *le rêveur, l'utopiste.*

IMMATURE

Bourgeon jamais éclos

Quoi de plus bouleversant qu'un bourgeon ? Clos, tendre et fragile, ce paquet-cadeau minuscule – bébé endormi enroulé sur lui-même – promet de s'épanouir en fruits pour apaiser notre faim, en feuilles pour tamiser la lumière, en fleurs pour embaumer les chemins de notre vie. Mais l'être immature ne tient pas ses promesses. Aux quatre saisons de sa vie, il veut rester petit, protégé. Il veut bien profiter du beau temps, des éclaircies, des embellies. Mais il a peur d'affronter les orages, peur d'assumer ses responsabilités.

ILS LUI RESSEMBLENT : *le gamin, l'irresponsable.*

IMPATIENT

Sous pression

Un fougueux consumé par la fièvre. Un glouton que ses désirs démangent. La vie le chatouille et le gratouille. Il veut tout, tout de suite. Il veut l'amour, avec un grand A, le coup de foudre au tout premier regard. Il lui faut des projets éblouissants, des succès fulgurants, des performances étourdissantes. Vous n'osez guère lui confier vos états d'âme. Il vous écoute à peine, vous cloue le bec avec un conseil péremptoire et passe à autre chose. Il court, il court, ce furet. Face à sa frénésie, vous vous sentez des lenteurs d'escargot, une vivacité de limace.

ILS LUI RESSEMBLENT : *l'avide, le pressé.*

IMPÉTUEUX

Tempérament volcanique

Un héros de western qui dégaine plus vite que son ombre. Engagez avec lui une conversation innocente... Une seconde plus tard, vous voici désarmé, englouti par un flot de paroles véhémentes : propos violemment virulents ou joyeusement enthousiastes. Dans l'action, l'impétueux se déchaîne avec une fougue qui vous laisse pantois. Quelle célérité, quelle vitalité ! Vif d'allure, jeune de cœur, l'impétueux bouillonne de vie intérieure qui déborde, sans y penser, comme du lait sur le feu.

ILS LUI RESSEMBLENT : *l'ardent, le bouillant.*

IMPRÉVOYANT

Cigale étourdie

Un lutin léger qui vit au jour le jour. Il profite à fond de l'instant présent et ne veut rien savoir des nuages qui s'amoncellent à l'horizon. Ne comptez sur lui ni pour faire des économies, ni pour se munir d'un parapluie. Il refuse de boucler sa ceinture de sécurité, de porter un casque à moto, d'enfiler un gilet de sauvetage sur un bateau qui fait naufrage. Et ne lui parlez pas de malheur : cet étourneau pense que cela n'arrive qu'aux autres ! Insouciant, vaguement irresponsable, l'imprévoyant vit comme l'oiseau sur la branche. Il se retrouve le bec dans l'eau, tout penaud, à la première difficulté.

ILS LUI RESSEMBLENT : *l'écervelé, l'inconséquent, l'irréfléchi.*

IMPRUDENT

Hardi petit !

Les ceintures de sécurité le rebutent, les falaises escarpées l'attirent. Ce qui inquiète l'imprudent, ce n'est pas tant de jouer avec le feu ni de frôler la catastrophe. C'est de s'inquiéter. Comme un bébé inexpérimenté, l'imprudent a trouvé une façon de réagir au stress et à l'angoisse : il les nie ou les provoque. Son entourage se fait un sang d'encre. Pourquoi lui arriverait-il malheur quand tant de personnes chères souffrent mille morts à son sujet ?

ILS LUI RESSEMBLENT : *le casse-cou (fam.), le téméraire.*

INCONSTANT

Esprit nomade

Volage et versatile, ce touriste fait halte dans votre vie, à l'improviste, au gré de ses humeurs capricieuses. Papillon inconséquent, il vous adopte et vous abandonne avec une égale insouciance. Il change d'opinion avec la légèreté fantasque d'une abeille qui butine indifféremment le thym, la lavande, l'acacia... le temps de faire son miel. Instable, infidèle, l'inconstant a la beauté fugace, le charme éphémère de ces feux de camp allumés par des gitans en plein terrain vague. Fasciné par cette flambée, bienvenue autant qu'imprévisible, vous approchez. Votre cœur à peine réchauffé, l'oiseau s'est envolé !

ILS LUI RESSEMBLENT : *le fantasque, le lunatique.*

INDÉCIS

Ira ? Ira pas ?

L'indécis vous donne le vertige. Ce n'est franchement pas de sa faute : il en souffre lui-même. Il a déjà longuement hésité à se rendre à cette manifestation qui propose, gratis, un baptême de saut à l'élastique. Aussi mort de trouille que d'envie, il est venu, il a vu, le voici au bord du gouffre. Sautera ? Sautera pas ?

L'indécis balance. À force de vaciller entre le pour et le contre, l'indécis a déjà fait le plein d'émotions fortes. Se jeter dans le vide, pour de vrai, que peut-il en espérer de plus ? Pourquoi faire des vagues alors qu'il navigue à plein temps en plein vague à l'âme ?

ILS LUI RESSEMBLENT : *l'hésitant, l'irrésolu.*

Aurélien connaissait en lui ce défaut,
ce trait de caractère au moins,
qui faisait qu'il n'achevait rien,
ni une pensée ni une aventure.
Le monde était pour lui
plein de digressions qui le menaient
sans cesse à la dérive.
Les volontés les mieux formées,
les décisions échouaient là devant.
Ce n'était pas de l'irrésolution.
Mais sollicité par tout, à quoi se serait-il
borné ? Il ne s'était pas plus tôt formulé
une vérité certaine, que l'incertain
lui en paraissait, qu'il était prêt à parier
contre lui-même, à épouser
la certitude inverse.

L. Aragon, *Aurélien*, © Gallimard.

INDISCRET

Motus et bouche cousue ? Connais pas !

L'indiscret a deux grandes oreilles en forme d'antenne parabolique. Ainsi, rien ne lui échappe. Et comme la nature l'a aussi nanti d'une grande bouche, rien de ce qu'il capte ne passe inaperçu. Fort bien pourvu, l'indiscret a tout en grand, sauf le sens du secret. Les nouvelles qu'il chuchote claquent à tous les vents comme le cocorico d'un coq saluant à pleine gorge la venue d'un jour nouveau. Alors – forcément – l'on hésite à se confier à lui. Et l'indiscret – qui a tout en grand – se retrouve avec de toutes petites confidences, des amitiés fort minces... À qui la faute ?

ILS LUI RESSEMBLENT : *le fureteur, le fouineur, l'indélicat.*

INDIVIDUALISTE

Chemine seul

Il a longuement médité les actualités télévisées. Ici et là, l'on se plaint de l'État qui ne fait pas son travail, de la société qui va mal, du chômage qui se porte trop bien... Comme tout un chacun, l'individualiste a noté que tout n'allait pas pour le mieux dans le meilleur des mondes. Il décide donc de ne rien attendre du monde. Il n'ouvrira pas un Resto du cœur mais assumera seul la subsistance de son propre cœur. Indépendant et fier de l'être, il pensera ce qu'il pense, l'affirmera avec force, et fera ce qu'il faut pour défendre une autonomie chèrement gagnée.

ILS LUI RESSEMBLENT : *l'égoïste, l'indépendant.*

INDULGENT

Comprend l'incompréhensible

L'indulgent vous aime encore quand vous ne pouvez plus vous supporter vous-même. Il trouve mille excuses à vos actions les plus répréhensibles et prête le charme de l'authenticité à vos intentions les plus noires. Comment s'y prend-il pour comprendre vos incompréhensibles faiblesses ? Il puise sa force dans une saine connaissance de lui-même et du genre humain. S'avouant imparfait, il accepte et respecte votre imperfection. En vous pardonnant, il fait coup double : il vous réconcilie avec vous-même et reprend confiance en lui.

ILS LUI RESSEMBLENT : *le bienveillant, le clément, le magnanime.*

INGRAT

À sens unique

Vous pouvez bien vous escrimer à être une bonne pâte, la crème des hommes, une poire même... rien n'y fait. Négligeant vos efforts ingénieux, oublieux de vos bontés, peu soucieux de votre patiente indulgence, l'ingrat fait fi des trésors que vous lui dispensez. Avec lui, vous vous dépensez en pure perte. Autant le déclarer tout net : l'ingrat vous aigrit. À quoi bon se donner du mal pour lui faire du bien ? L'ingrat a le don de transformer vos serviettes en torchons. Qu'il aille donc se faire pendre ailleurs !

ILS LUI RESSEMBLENT : *l'oublieux, le sans-cœur.*

INJUSTE

« Monsieur Plus » malhonnête

La balance penche toujours en sa faveur, de son côté ou du côté où il pêche. Infidèle, partial, critique, il méprise ses devoirs, s'arroge tous les droits, piétine allègrement ceux d'autrui. C'est un « Monsieur Plus » malhonnête qui a la main mauvaise. Ses recettes sont truquées : là où il lui suffirait de mettre son grain de sel, cet empoisonneur déverse des louches d'arsenic.

ILS LUI RESSEMBLENT : *l'inéquitable, l'inique.*

INNOCENT

Agneau candide

Cœur simple, agneau paisible, troublante colombe, il passe tout doux parmi nous, comme inconscient de la cruauté environnante. Sa naïve gentillesse, sa franchise rectiligne, sa transparence angélique semblent surnaturelles. D'une droiture infrangible, d'une inouïe crédulité, il touche en nous un point sensible. Sous sa désarmante vulnérabilité, l'innocent – on le sent – cache une force rare. Mais où la cache-t-il ? On ne décèle en lui nul recoin tortueux, nulle zone d'ombre.

ILS LUI RESSEMBLENT : *l'ingénu, le pur.*

INQUIET

Sur des charbons ardents

Aux abois, tourmenté par mille émois, souffrant mille alarmes, cet individu fiévreux, palpitant, s'agite dans sa vie comme un insomniaque dans son lit. Insomniaque, il l'est souvent : les jours et les nuits ne lui laissent guère de répit. Sa sœur jumelle, l'angoisse, l'accompagne partout de son ombre fidèle. Son pessimisme lui colle à la peau. Rêveur chagrin tout emmitouflé de mal-être, marchant sur des charbons ardents, comme il a froid !

ILS LUI RESSEMBLENT : *l'anxieux, le soucieux.*

INSATISFAIT

Ogre affamé

Son appétit terrible est bien trop grand pour lui. Il tremble d'envies colossales, de désirs démesurés. Pour lui, la beauté absolue, l'immensité cosmique, le bonheur suprême constituent le strict minimum vital à se mettre sous la dent. L'âme de l'insatisfait est un gouffre : menus plaisirs et grandes joies s'y engloutissent sans jamais la nourrir. Il souffre d'une carence ancestrale, d'une incurable anémie. Peut-être traîne-t-il, à son insu, un poids de malheur si lourd que rien ne saurait alléger cette épouvantable fatalité.

ILS LUI RESSEMBLENT : *l'inassouvi, l'insatiable.*

INSENSIBLE

Statue insaisissable

Comment le toucher, par quel bout le prendre ? Aveugle à nos bontés, sourd à nos prières, inconscient de nos charmes, insoucieux de notre affection, l'insensible fait le mort. Égoïste endurci, il pèse dans notre vie comme un poids mort. On se cogne à son indifférence, son inertie nous blesse, son impassibilité nous glace. Par quel phénomène cet individu si peu vivant parvient-il à nous écorcher vif ?

ILS LUI RESSEMBLENT : *le cœur de pierre, le détaché, le froid.*

INSOUCIANT

Pourquoi s'en faire ?

Mi-paresseux, mi-étourdi, un tantinet superficiel, l'insouciant – tout sourire – répond par un haussement d'épaules à vos angoisses existentielles. Si six soucis gravissimes vous scient, ce froufroutant frivole les jugera bien futiles. Lui survole les problèmes à saute-mouton, enjambe à cloche-pied les difficultés, envoie valser, d'une pichenette, ses responsabilités. Il esquive tout ce qui le dérange et s'arrange ainsi pour ne pas s'en faire. Léger, mais rusé !

ILS LUI RESSEMBLENT : *l'indolent, l'imprévoyant.*

INSTABLE

Château de sable

Un personnage tout à fait déroutant. Son humeur varie comme la couleur d'un ciel d'avril. Un beau jour, il vous donne son cœur et vous vous y sentez parfaitement confortable. Vous vous installez pour toujours dans cette forteresse. Et voilà que son amour indéfectible s'écroule comme un château de sable. Vous vous frottez les yeux, vous vous pincez pour vous assurer que vous ne rêvez pas. Inutile de vous torturer davantage. Les états d'âme de l'être instable ont la fugacité des traces de pas sur le sable mouillé. De lui, vous obtiendrez le pire et le meilleur.

ILS LUI RESSEMBLENT : *le changeant, le déconcertant, l'imprévisible.*

INTOLÉRANT

Injuste qui se dit juste

L'intolérant fait du zèle dans l'injustice. Il aggrave son cas en se justifiant de façon inique. Son attitude odieuse repose sur un raisonnement extrêmement simple : ceux qu'il n'aime pas sont mauvais ; ce qui lui déplaît est mal. Partant de ce principe, il a non seulement le droit mais le devoir moral d'assassiner l'innocent. C'est le loup de la fable qui perpètre son crime, s'en lave les mains et en tire gloire. À ses yeux, l'affaire est claire : l'agneau criminel a troublé son breuvage. Selon le code de l'intolérant, le bon, dans l'histoire, c'est le loup, évidemment !

ILS LUI RESSEMBLENT : *l'intransigeant, le sectaire.*

Si Maman n'a aucune discrétion et lance n'importe quoi à mes pauvres oreilles (beaucoup plus vieilles que moi, il faut croire), si M. Heaume a la confidence plus facile, Papa est de la race des contractés qui ont la langue courte, la salive rare, et qui n'admettent personne à contempler la collection secrète de leurs sentiments. Parmi les trois refuges : la confiance, le mutisme ou l'humeur, il ne connaît que les derniers.

H. Bazin, *L'Huile sur le feu*, © Grasset.

INTROVERTI

Jardinier de sa vie intérieure

L'introverti a de lui-même une connaissance intime. Il a étudié de près sa personnalité, en a minutieusement exploré les richesses et les faiblesses, les potentialités, les limites. Il connaît par cœur ses failles, ses manques, ses rêves. Il sait que nul ne peut vivre sa vie à sa place. Il se sent hautement responsable de son existence et cultive consciencieusement son jardin intérieur. Cela lui donne un air lointain, distant, hautain parfois. On s'interroge : est-il trop fier ou trop timide ? Lui se demande simplement : suis-je à la hauteur ?

ILS LUI RESSEMBLENT : *le renfermé, le secret.*

JALOUX

Amoureux déchiré

La peur le dévore, la peur le déchire.
Hanté, ensanglanté, épouvanté, le jaloux
vit l'amour à mort. Son cœur tout nu, son
cœur unique et vibrant, il l'a donné sans
retour. Il l'a donné violemment pour vivre
doux, pour vivre deux. Et il en crève ! Son

JAL

cœur à lui est pris, prisonnier. Et il n'a
nulle prise sur l'objet de son amour. Le
cœur de l'autre, il voudrait à toute force
l'emprisonner dans sa poitrine. Comme il
le bercerait, comme il le comblerait ! Mais
l'autre est libre. Libre, à chaque seconde,
de donner son cœur ailleurs. Le jaloux en
devient fou. Fou de doute et de douleur,
d'incertitude et d'amère solitude.

ILS LUI RESSEMBLENT : *l'envieux, l'exclusif, le soupçonneux.*

JOVIAL

Joyeux compagnon

Ses yeux rieurs, son entrain, sa belle humeur font plaisir à voir. Décontracté, sans chichi, communicatif, cet être ensoleillé nous procure le sentiment délicieux d'être en vacances. Avec lui, on n'hésite pas à se mettre les doigts de pied en éventail, on barbote dans l'euphorie. On se laisse même aller à rire de bon cœur à ses plaisanteries faciles ou un peu lestes. Les esprits chagrins penseront que le gaillard manque de finesse ou de profondeur. Tant qu'il nous met en joie, pourquoi bouder notre plaisir ?

ILS LUI RESSEMBLENT : *le bon vivant, l'enjoué, le gai.*

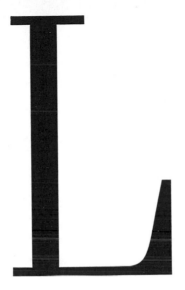

LÂCHE

Poltron fadasse

Autant renoncer à décrire ce poltron fadasse qui passe sa vie à baisser les bras, à nous laisser tomber. Sa faiblesse de caractère est telle que les mots pour la dire foisonnent. Valeureux battants, hardis dégourdis, mettez à profit sa pauvreté

d'âme pour enrichir votre vocabulaire :
couard couinant de trouille, capon capitu-
lard, pleutre timoré et pusillanime, poule
mouillée molle et veule, paillasson mollasson, flasque fuyard... Affolé par ces viru-
lentes invectives, qui sait si notre lâche ne
va pas dénicher dans l'énergie du désespoir le soupçon d'un sursaut de dignité, un
brin de valeur, une bribe de courage, une
brindille de fierté. Juste une larme, ce ne
serait pas si mal !

ILS LUI RESSEMBLENT : *le dégonflé (fam.), le frous-
sard (fam.), le peureux.*

LAXISTE

Un peu trop permissif

Trop bienveillant, bien trop compréhensif, il noie dans un flou artistique les préceptes élémentaires de la morale. Indulgent – d'accord ! – mais sans lucidité ni rigueur, il admet vos crimes comme il excuserait des péchés mignons dictés par la simple gourmandise. Finalement, le laxiste est un peu lâche. Tout comprendre, tout pardonner, ne rien interdire, c'est un moyen commode d'esquiver la responsabilité. Il vous déclare innocent pour mieux éviter de se sentir coupable.

ILS LUI RESSEMBLENT : *le coulant, le faible.*

LUNATIQUE

Rêveur imprévisible

Les humeurs de notre rêveur obéissent à des lois connues de lui seul. Et encore ! Sait-il lui-même quand il sera bien ou mal luné, quel jour il va se lever du pied gauche ? Pas plus fiable que la météo, son caractère s'effeuille comme les pages d'un dictionnaire. Il saute de l'aimable affabilité à la bêtise caractérisée ; de la démence à l'euphorie ; de la fantaisie à la générosité ; de la haine à l'idolâtrie ; de la joie aux larmes ; et ainsi de suite. Ambigu, bizarre, curieux... quel déroutant personnage !

ILS LUI RESSEMBLENT : *la girouette, le versatile.*

M

MACHISTE

Il veut faire mâle

En langage savant, on le dit phallocrate – du latin *phallus*. Histoire de bien insister sur le truc en plus qui le distingue des faibles femmes. En vertu de ce truc en plus (un sceptre royal, pas moins !), le macho s'octroie tout naturellement une position

dominante dans la hiérarchie humaine.
Musclé, costaud, faraud, grand séducteur
devant l'éternel, il lui suffit de claquer des
doigts pour que les minettes lui tombent
toutes rôties dans les bras. Alors il fait le
mâle. Et c'est l'extase pour « Poupoule ».
Jusqu'à ce que sire Coq la remette à sa
place : à la cuisine, vite fait ! Annexant le
canapé, M. Macho s'accorde un repos du
guerrier bien mérité.

ILS LUI RESSEMBLENT : *le macho (fam.), le phallocrate*.

MALADROIT

Pataud ou lourdaud

Un peu confus dans sa tête, empoté dans ses gestes, il se sent nigaud, godiche, mal dégrossi. Il envie la grâce de certains êtres fluides chez qui l'aisance semble couler de source. Lui boite dans sa vie comme si quelque ébéniste négligent l'avait mal fini. Souvent, pourtant, son cœur est bien fignolé, porteur d'une gentillesse de toute beauté, d'un bon vouloir extrême. Mais, entre cœur et corps, ses bonnes intentions se coincent. Il patauge dans les mots, gaffe, s'embrouille. Cette sorte de malédiction le rend bien malheureux.

ILS LUI RESSEMBLENT : *le gauche, le malhabile.*

MALHONNÊTE

Le vrai méchant

Si l'on réduit l'humanité aux bons et aux méchants, pas de doute, voici un méchant estampillé. Un qui se conduit mal. Un qui n'a pas de morale. Qu'il triche, mente, vole, vous insulte, vous escroque... il vous rapetisse, il rabaisse l'homme. Lui-même est très petit. Il n'a rien compris. S'il a une mission sur la terre, c'est bien de s'y comporter en honnête homme. En être juste, sincère, compatissant. Il obéit, lui, à la loi de la jungle. Eh bien, qu'il aille au zoo !

ILS LUI RESSEMBLENT : *le déloyal, le pourri, le véreux.*

MALICIEUX

Diablotin espiègle

Un petit futé qui pétille d'esprit. Taquin comme pas deux, ce narquois tire des piques de son carquois et nous décoche une joyeuse pluie de boutades et autres mots d'humour. Lutin impertinent, il nourrit souvent sa belle humeur à nos dépens. Il se gausse de nous. Mais avec une gaieté, une vivacité, un entrain si délicieux que l'on se prête volontiers au jeu. Il nous évite de nous prendre trop au sérieux. Grâce à lui, miracle ! on sourit de nos travers. Et de bon cœur, encore. Vive le malicieux !

ILS LUI RESSEMBLENT : *le facétieux, le farceur.*

MANIAQUE

Doux dingue

Il voue une passion dévorante à de toutes petites habitudes. Le soir, il gare ses pantoufles, bien alignées, à mi-chemin entre son oreiller et le verre d'eau solennellement disposé sur sa table de chevet. Le matin, il époussette soigneusement les miettes de sa tartine, puis lisse longuement sa serviette du plat de la main avant de la plier au carré. C'est un fou du genre doux qui cloisonne sa vie dans des cases trop sages. Gardez-vous bien de déplacer ses virgules, de décoiffer les points qu'il pose avec amour sur ses *i* : ce doux dingue en deviendrait fou de rage !

ILS LUI RESSEMBLENT : *le pointilleux, le tatillon, le vétilleux.*

MANICHÉEN

Personnage en noir et blanc

Il a tracé dans son cerveau, à l'encre indélébile, une ligne inflexible. À droite de ce repère, dans un espace immaculé, il a royalement installé les êtres bons, les choses belles, les valeurs hautes. Dans cet éden, vous pouvez apercevoir sa mère voisinant avec une blanche colombe, un magnolia en fleur, un camembert normand fait à cœur... À gauche, il rejette et entasse dans le noir tout ce qu'il juge mauvais, voire méprisable. Dans son petit monde en blanc et noir, le manichéen marche la conscience tranquille. Il a déterminé ses réponses d'abord. Pourquoi se poserait-il des questions ?

ILS LUI RESSEMBLENT : *le simplificateur, le simpliste.*

MANIPULATEUR

Génial marionnettiste

Il nous prend pour des guignols, nous traite comme des pantins, nous triture comme des poupées de chiffon. Avec quelle astuce il tire les ficelles ! Tout en douceur, en sourdine, mine de rien, il fait de nous ce qu'il veut, nous mène par le bout du nez. Difficile de se rebeller. Il nous dicte ses quatre volontés, mais on ne les voit jamais venir. Son habileté a quelque chose de machiavélique.

ILS LUI RESSEMBLENT : *l'ensorceleur, le mystificateur.*

MASOCHISTE

Drôles de goûts !

Étrange ce goût qu'il a pour la douleur, le malheur, l'humiliation. Quand nous autres, pauvres imbéciles, crevons littéralement d'un chagrin d'amour, lui se délecte d'être l'heureux objet d'une souffrance si cruelle. Il savoure en gourmet les raffinements de la torture morale, lappe la honte à grands traits comme un chaton boirait son lait. Et que dire de ses chaussures étroites et pointues, qui lui meurtrissent si divinement les orteils ? Qu'elles le font jouir, comme tout ce qui lui fait du mal !

ILS LUI RESSEMBLENT : *le pervers, le tordu (fam.).*

C'était un être pur et sans malice, mais aussi sans défense contre le mal, et, comme ces primitifs du Pacifique qui succombent dès leur premier contact avec les germes que transportent impunément les blancs, il contracta d'un coup la méchanceté, la cruauté, la haine le jour où je lui découvris la complexité de mon cœur.

M. Tournier, *Le Roi des Aulnes*, © Gallimard.

MÉCHANT

Peau de vache noire

Que les vaches, qui sont douces et bonnes et tendres et généreuses et paisibles, nous pardonnent ce cliché injuste. Toute la nuance entre la vache gentille et le méchant vachard tient dans le pis. Point de lait dans les maigres mamelles de cette vieille rosse. Mais du fiel noir, acide, pourri. Un tord-boyaux allergène, cancérigène, pathogène... le truc qui vous rend vraiment malade, vous noue les tripes, vous donne envie de vomir.

ILS LUI RESSEMBLENT : *le malfaisant, le malveillant.*

MÉDISANT

Messager perfide

Facteur fidèle, le médisant porte et délivre ses messages avec une remarquable assiduité. Fidèle, mais pas modèle. Ce qu'il livre le plus volontiers, c'est le genre lettre anonyme bien perfide. Potins salés, racontars salaces, échos scabreux, scoops graveleux, propos diffamatoires, cette langue de vipère en a plein sa sacoche. Un peu moins quand même que le calomniateur qui, lui, invente ses messages destructeurs. Le médisant se contente de les faire passer. (Au besoin, allez, il force un peu la dose. Juste de quoi corser la rumeur.)

ILS LUI RESSEMBLENT : *le débineur (fam.), le diffamateur.*

MÉFIANT

Aux aguets

Ce personnage craintif et soupçonneux reste toujours sur la défensive. Il sursaute au moindre bruit, surveille vos faits et gestes et dissèque vos propos les plus innocents. On jurerait une sentinelle postée sur un champ de mines cerné par une armée de terroristes en tenue camouflée. Au théâtre, le méfiant ferait merveille dans le rôle d'un espion. Dans la vie courante, vous ne pouvez pas lui parler de la pluie et du beau temps sans qu'il glisse un regard en coin vers les coulisses pour s'assurer qu'il n'y a pas anguille sous roche. Face à lui, vous perdez toute innocence. Sa défiance maladive finit par vous rendre suspect à vos propres yeux.

ILS LUI RESSEMBLENT : *le circonspect, le suspicieux.*

MÉLANCOLIQUE

Grand cafardeux

Nuque ployée, regard noyé, mains nouées, il marche lentement, un blues obsédant collé à ses semelles. Le cafard qu'il traîne, petit bonhomme ! Un deuil affreux vient-il de le frapper ? Un malheur soudain, épouvantable, qui le transpercerait ? Non. L'abattement, hélas, est son état normal. Le chagrin, compagnon fidèle, chemine avec lui sans cesse. Ils se côtoient depuis toujours, isolés du monde et de ses rires par une brume rêveuse. Comme d'autres emportent une petite laine, le mélancolique ne va nulle part sans sa tristesse qui lui tisse comme une seconde peau. Cela lui donne un air romantique, poignant et doux.

ILS LUI RESSEMBLENT : *le maussade, le morose.*

MENEUR

Tambour battant

Nulle mélancolie chez le meneur. Mais de l'énergie, encore de l'énergie, toujours de l'énergie ! C'est un clairon, c'est un tambour, c'est le cheval blanc d'Henri IV qui dirige ses troupes avec panache. Hardi, les gars, on les aura ! Quelle foi, quelle fougue, quelle flamme ! Avec un pareil chef, à nous la victoire ! Haut les cœurs !

ILS LUI RESSEMBLENT : *le chef, le leader.*

MENTEUR

C'est à ne pas croire !

Il existe toute une gamme de menteurs. Celui qui ment comme il respire (allez savoir pourquoi ?) préfère le faux au vrai, comme on choisit la mer ou la montagne. Avec lui, il suffit d'entendre le contraire de ce qu'il dit. Altruiste, l'arracheur de dents prétend – pour votre bien – que ça ne va pas faire mal. Affable, le diplomate se fait un devoir d'enrober d'une courtoisie pudique vos quatre désagréables vérités. Déçu par la réalité, le mythomane vous fera croire à la réalité de ses rêves. Nombre de menteurs déguisent les faits pour enjoliver la vie. Procédé malhonnête, il est vrai, mais qui parfois réussit.

ILS LUI RESSEMBLENT : *le dupeur, le fabulateur.*

MESQUIN

Bas de plafond

L'esprit de ce personnage doit ressembler à une pièce étroite, basse de plafond, avec de minces ouvertures en forme de meurtrières. Dans un espace aussi étriqué, presque sordide, où pourrait-il caser des idées larges et généreuses, des élans prodigieux, de grands sentiments, des trésors d'affection et de compassion ? Non, ce gagne-petit n'a pas la place pour loger tant de richesses intérieures. Du reste, il n'a pas envie de s'agrandir. Il se sent à l'aise dans sa médiocrité. Vivre chichement, cela lui convient.

ILS LUI RESSEMBLENT : *l'étriqué, le minable.*

MISANTHROPE

Loup mal luné

Bougon bourru, mal luné et mal léché, il se terre dans son coin. C'est un loup solitaire retranché dans sa tanière. Un chat sauvage blotti tout en haut de son arbre. Une marmotte confinée dans son terrier. Il se protège farouchement de l'humanité qu'il ne prise guère. Dans sa retraite, il couve une humeur chagrine. Il ne s'aime pas non plus. Tant d'inimitiés conjuguées rendent sa solitude bien amère. Ce n'est pas une vie !

ILS LUI RESSEMBLENT : *l'insociable, l'ours, le sauvage.*

MISOGYNE

Hostile au sexe faible

À son idée, l'humanité est mal faite. Pourquoi tant de femmes ? Était-ce bien nécessaire ? D'accord, il en faut pour faire des enfants (du sexe masculin, de préférence), la cuisine et le ménage. Mais a-t-on besoin de rencontrer partout ces êtres inférieurs et méprisables ? À son avis, ces bavardes futiles, sottement coquettes, gâchent le paysage. Qu'on les cache ! Ou qu'elles soient belles et se taisent, de grâce !

ILS LUI RESSEMBLENT : *le phallocrate, le sexiste.*

MODESTE

Fleur des champs

Ce n'est pas lui qui se poussera du col pour monopoliser l'attention. Il ne s'inondera pas non plus d'un parfum capiteux. Non. Le modeste reste à sa place comme les fleurs des champs qui se contentent d'être là, sans rêver effrontément d'accaparer la vitrine du fleuriste. Plein de pudeur, de réserve, de retenue, cet individu a le charme discret du naturel. Il s'efface avec une telle douceur qu'il risque de passer inaperçu. Si on a le bonheur de le repérer, les relations avec lui s'installent en toute simplicité.

ILS LUI RESSEMBLENT : *l'humble, le simple.*

– Remarquez que c'est mon premier poème, et je ne sais même pas si je le publierai ! Alors Lagneau dit gravement :

– Ce qui est extraordinaire, c'est que ça rime à tous les coups ! Ça, mon vieux, je parie que Socrate ne saurait pas le faire.

– Ce n'est pas sûr, dis-je modestement. Moi, je n'ose pas encore me comparer à lui.

— Moi, dit Nelps, je te le dis sincèrement : si tu ne l'as pas copié, je suis sûr que tu seras de l'Académie française…
Je fus persuadé qu'il ne se trompait pas : la modestie ne vient qu'avec l'âge,
quand elle vient.

M. Pagnol, *Le Temps des amours.*

MONDAIN

Toujours sorti !

Son régal ? Les fêtes, les soirées, les dîners en ville... Il est sans cesse à s'habiller pour l'Opéra ; à se pomponner pour une réception officielle ; à courir les vernissages, les remises d'Oscars, les projections privées. Il tutoie les plus grands artistes, appelle les ministres par leur petit nom. Quand il n'est pas de sortie, il organise chez lui une petite bouffe pour cinquante personnes. Il ne lui reste guère de temps pour sa vie intérieure. Le mondain, pourtant, adore refaire le monde entre deux petits fours.

ILS LUI RESSEMBLENT : *le sociable, le salonard.*

MORALISATEUR

M. ou Mme Sermon

Apparentés aux sermonneurs et aux donneurs de leçons, ils embrassent volontiers la profession de redresseurs de torts. Ils y gagnent un sentiment élevé de leur propre valeur. En revanche, leurs proches finissent par y perdre toute spontanéité et toute confiance en eux. Pas facile de vivre sous un œil si critique qui observe à la loupe votre comportement pour vous remettre dans le droit chemin à la moindre incartade. La morale austère qu'ils nous imposent nous donne une furieuse envie de ruer dans les brancards.

ILS LUI RESSEMBLENT : *le prêcheur (fam.), le rigoriste.*

MUFLE

Pignouf indécrottable

L'animal mérite bien tous les noms d'oiseau dont on l'affuble. C'est un butor, un goujat, un malotru, un rustre. Il se spécialise dans le genre lourd, grivois, grossier, vulgaire. Pas un poil de délicatesse n'ombre sa grande gueule. Quel manque d'élégance et de savoir-vivre ! On ne lui demande pas de lever le petit doigt en l'air quand il tient sa cuillère. On voudrait simplement qu'il la ferme !

ILS LUI RESSEMBLENT : *le cuistre, le malappris.*

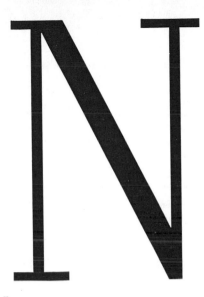

NAÏF

Innocent ingénu

Le tréma sur le *i* souligne ce qui coince chez cet individu d'une candeur adorable. C'est le même signal que pour « aïe ! ». Il est trop nu, notre ingénu ; sans défenses, notre innocent. Il gobe tout ce qu'on lui dit, se confie sans méfiance, et ce faisant, s'expose à souffrir. Quel dommage, quel gâchis ! Des individus si frais, il faudrait préserver leur espèce. On les installerait parmi la flore des parcs naturels. Ils y vivraient en paix avec les colombes et les biches. Cela ressemblerait au paradis avant la faute originelle. On irait les voir, sans bruit, pour se consoler quand on désespère de l'humanité.

ILS LUI RESSEMBLENT : *le candide, le crédule.*

NÉVROSÉ

Malade dans sa tête

Il trimballe dans sa tête un gros paquet de vieux conflits jamais résolus. Comme si, où qu'il aille, il emportait un cartable bourré de problèmes aussi indéchiffrables qu'insolubles. Il va mal – c'est clair – mais il ignore où il a mal. Et ça l'angoisse. Il se réveille la nuit, la peur au ventre. Miné par ce drame intérieur, il se ronge les ongles, mordille ses doigts, entortille sans relâche une mèche de cheveux. Il saute d'une humeur à l'autre, bredouille, bégaie ou s'enferme dans le silence de sa souffrance. Il voudrait tant être heureux ! Il se demande comment font les autres. Chez lui, le bonheur arrive et repart sans crier gare, à l'improviste. Ces hauts et bas l'épuisent.

ILS LUI RESSEMBLENT : *le dérangé, le déséquilibré.*

NONCHALANT

Coq en pâte

En voilà un qui ne se fait pas de bile ! Tranquille, il se laisse vivre. Flâneur sans flamme, loir languide, il s'économise. On le croirait écrasé de soleil ou émergeant à peine d'un profond sommeil tant il a le geste mou, le cerveau lent, le cœur assoupi. Il fait penser aux bâtons de guimauve, à la barbe à papa des fêtes foraines : tiède et doux, sucré, gentillet, il n'a aucune envie d'inventer la poudre. Assez mignon, plutôt inoffensif, il nous inspire des sentiments à son image : indifférents, évanescents, sans élan.

ILS LUI RESSEMBLENT : *l'indolent, le lymphatique.*

DICTIONNAIRE DES VICES ET VERTUS

NYMPHOMANE

Folle de son corps

Saisie d'une fureur amoureuse, elle est
possédée par l'envie obsédante de séduire
l'intégralité de la gent masculine. L'œil
aguicheur, la poitrine agressive, la croupe
ondulante, elle exhibe ses appas comme
une biche aux abois à la saison des
amours. Envoûtée, ensorcelée, elle souffre
d'un vide intérieur terrible où brûle un feu
dévorant. Une sorte d'instinct fatal qui la
rend provocante – malgré elle – comme
une chatte en chaleur. Au premier mâle qui
passe, éperdue, elle perd toute pudeur et
se met en chasse.

ELLES LUI RESSEMBLENT : *l'allumeuse, la gourgandine.*

OBSÉDÉ

Individu hanté

Sa vie ne lui appartient pas. Elle est tout entière habitée par un démon intérieur, un fantôme obstiné et pugnace qui tire les ficelles à sa place. Comme quand un air de musique vous trotte dans la tête, inlassablement, jusqu'à la nausée. Et rien à faire pour s'en débarrasser ! L'obsédé est taraudé par des peurs lancinantes, vissé à des idées fixes hallucinantes, cramponné à des manies ou des envies irrépressibles. Tracassé, tourmenté, il nous hante à son tour.

ILS LUI RESSEMBLENT : *le maniaque, l'obnubilé.*

OBSÉQUIEUX

Carpette

C'est l'histoire du ver de terre amoureux d'une étoile. En beaucoup moins poétique. Parce que cet être-là n'est pas un ver de terre. Et ceux devant qui il rampe et s'aplatit ne sont pas des étoiles. Alors, le merveilleux s'enfuit. Reste une attitude plutôt moche. L'obséquieux fait bien trop de courbettes. Il perd sa dignité, se conduit en esclave, en vil serviteur de maîtres sans éclat ni panache. C'est une histoire triste, une histoire veule. Un rapport humain baveux, visqueux, qui n'honore personne.

ILS LUI RESSEMBLENT : *le lèche-bottes (fam.), le mielleux, le servile.*

Il y avait quelque chose en lui
– quelque chose que les gens
n'aimaient pas, mais personne
ne savait au juste quoi. Mrs. Archie
Henderson allait plus loin
dans son analyse : elle disait qu'il était
trop « onctueux ». Il se comportait
comme un jeune prédicateur
à son premier dimanche, vous voyez,
essayant de plaire à tout le monde,
mais tellement terrifié à l'idée
de ne pas plaire que sa politesse

excessive en devient presque
effrayante. À la porte d'entrée, il se
trémoussait et faisait des courbettes,
il serrait les mains avec tant
de vigueur que les dames sentaient
leur alliance leur cisailler les doigts
et qu'elles chuchotaient ensuite entre
elles : « Quelle forte personnalité ! »
Mais Haskell n'était pas
un prédicateur, il n'était qu'un obscur
petit commis dans une épicerie.

T. Williams, « Il y avait quelque chose en lui… »,
Nouvelles, traduction M. Pons, Robert Laffont.

OBSTINÉ

Têtu tenace

Il possède une volonté de fer, une persévérance d'enfer. Il s'accroche à ses idées, et se montre prêt à poursuivre son effort jusqu'à la mort. Cet entêtement, ce zèle incorruptible nous semblent parfois admirables. Mais il persiste dans ses erreurs avec la même fureur. Là, son air buté a plutôt tendance à nous braquer contre lui.

ILS LUI RESSEMBLENT : *l'acharné, l'opiniâtre.*

OPPORTUNISTE

Larron de l'occasion

Un personnage malaisé à décrire une fois pour toutes. Il change d'avis comme de chemise en fonction des opinions en cours et retourne volontiers sa veste. Ainsi, quoi qu'il advienne, l'opportuniste se trouve toujours du bon côté des choses : celui qui l'arrange. Vous le rencontrerez souvent dans le sillage des plus forts ; rarement chez les chômeurs ; jamais en compagnie d'un sans-abri.

ILS LUI RESSEMBLENT : *l'attentiste, le caméléon.*

OPTIMISTE

Youpi !

Né sous une bonne étoile, l'optimiste vit avec elle – au septième ciel – une longue lune de miel. Enchanté de son sort, confiant, il savoure l'existence avec un ravissement inaltérable. Toujours levé du bon pied, d'une humeur délicieuse, ce veinard sait se donner du bon temps. Son secret ? Il voit les petits bonheurs du jour en grand et les gros ennuis de la vie en tout petit. Il suffisait d'y penser ! Précisons toutefois qu'il a un sérieux atout : il est naturellement doué pour le bonheur.

ILS LUI RESSEMBLENT : *l'euphorique, l'heureux caractère.*

ORGUEILLEUX

Ego boursouflé

Quand l'orgueilleux dit « je » (*ego*, en latin) ce minuscule pronom s'enfle, se gonfle, se dilate, se boursoufle... jusqu'à atteindre des proportions démesurées. L'idée qu'il se fait de lui-même souffre d'obésité. Fat, prétentieux, arrogant, méprisant, ce bouffi plein de morgue nous considère d'assez haut pour qu'on n'aille pas, en plus, lui dresser un piédestal. Laissons-le se rengorger tout seul devant la glace de sa salle de bains. Il fait cela très bien.

ILS LUI RESSEMBLENT : *l'outrecuidant, le présomptueux.*

ORIGINAL

Drôle de numéro !

Un oiseau rare. Un hurluberlu bizarre. Déroutant. Imprévisible. À lui seul il réinvente l'homme, cette créature complexe, mais dont on croit tout savoir, depuis le temps... L'original est aussi neuf, aussi vierge, que l'homme de Cro-Magnon ou de Néandertal. Hors d'âge, hors du temps, hors normes, il nous surprendra toujours. Aussi naïf qu'inventif, il échappe aux définitions. Vous voulez parier ? Il trouvera bien une façon inédite de s'évader des pages de ce dictionnaire. Avec notre accord, en plus !

ILS LUI RESSEMBLENT : *le fantaisiste, le non-conformiste.*

Où est la vérité ?

2 + 2 = 4.
C'est incontournable,
le résultat est juste.
Ah ! Si la vérité morale
pouvait être
une vérité scientifique !

• • •

Malheureusement, les mathématiques ne s'occupent pas de morale et dans la vie ce n'est pas toujours évident de distinguer ce qui est juste de ce qui ne l'est pas.

COMMENT DISTINGUER LE BIEN ET LE MAL ?

Dans la Bible, au livre de l'Exode (ch. 20), c'est Dieu qui dicte à Moïse sous la forme de dix Commandements ce qui est permis et défendu. Dans ce cas-là, morale et religion ont exactement le même but : respecter ce que Dieu demande dans ses commandements. Mais, si l'on ne croit pas en Dieu, ou en ce Dieu-là,

comment fait-on ?
On regarde du côté
de la science ?
Elle n'a pas de réponse,
ce n'est pas son problème.
On suit celui qui est le plus
fort ? Quête impossible :
il y aura toujours plus fort
que lui, les nazis en ont fait
l'expérience. Ils se croyaient
au-dessus de l'humanité,
race suprême. Ils ont perdu.
On se réfère à la société ?
Certainement pas
aveuglément ; ses lois ne sont
pas toujours justes ;
l'apartheid en est le pire
exemple.
On suit son propre jugement ?
Dangereux ! Qui est à ce point
parfait pour ne jamais
se tromper ?

● ● ●

UNE SEULE RÉFÉRENCE : L'HOMME

On parle de justice, de dignité
humaine, de liberté, de paix...
peut-être faut-il réfléchir
à ce qu'est l'Homme et
à ce qui est commun
à tous les hommes :
esprit, conscience, pensée ;
à ce que l'on doit respecter en
l'Homme : la dignité.
Comprendre que l'existence
humaine a un sens ;
comprendre qu'elle est
une valeur universelle :
tous les hommes sont égaux
en droits et en devoirs...
Ce serait ça la morale idéale.
Pour combattre l'injustice,
« pour créer du bonheur,
pour protester contre l'univers
du malheur »,

comme le disait Albert Camus,
l'homme doit affirmer
la justice : « Tout est permis,
cela ne veut pas dire
que rien ne soit défendu. »
Chrétiens, juifs et musulmans
affirment ensemble la valeur
de l'homme parce qu'ils
croient que c'est Dieu
qui a créé l'homme
et ça ne peut être que bien.
Mais même si l'on ne croit pas
en Dieu, l'homme n'est
ni une bête, ni une pierre.
Il est libre et responsable de
ses actes, il est capable
de donner un sens à sa vie,
c'est ce qui fait qu'il est unique
et formidable
malgré ses erreurs
et malgré ses défauts.

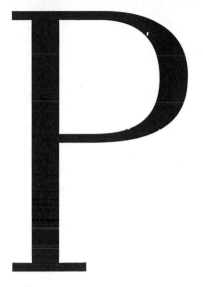

PARANOÏAQUE

Seul contre tous

Ombrageux, soupçonneux, susceptible, le parano voit des ennemis partout. Le monde entier complote contre lui, se moque, lui tend des pièges, lui fauche ses meilleurs amis, ses grandes idées, ses petites affaires... Oh, il n'est pas dupe, il a l'œil ! Il

ne croit pas une seconde à vos protesta-
tions d'amitié. Inutile de le nier : vous avez
encore fouillé ses tiroirs, lu son journal
intime, galvaudé ses secrets... Cela vous
amuse ? Eh bien, pas lui ! Injuste victime
d'un monde cruel, le parano n'a pas le
cœur à rire, c'est lui qui vous le dit.

IL LUI RESSEMBLE : *l'éternel persécuté.*

PARESSEUX

Ami du moindre effort

Un père tranquille qui appartient à la famille des indolents, des nonchalants, des fainéants et autres flemmards. Tous se la coulent douce, se tournent gentiment les pouces. Attentifs à ne rien se casser, ils vivent au ralenti, prennent leur temps, mesurent leur peine, économisent leurs gestes. Dans une société minée par le stress, le paresseux accomplit sans effort une performance rare : Il reste calme quand tout le monde craque. Parfois, sa lenteur lisse vous lasse. Mais, dans l'ensemble, sa compagnie placide est reposante. Pas débordé, dispos, disponible, c'est un confident idéal qui vous écoute sans se faire de bile.

ILS LUI RESSEMBLENT : *le cossard (fam.), le désœuvré, le traîne-savates (fam.).*

PASSIONNÉ

Tempérament torride

Quelle fougue, quelle flamme, quelle effervescence ! Le passionné est un volcan en éruption, un torrent bondissant, un incendie de forêt, une grenade explosive. Avec lui, vous vivez dans le paroxysme, l'exaltation, la fièvre des coups de foudre, la tension haletante des coups d'éclat. Il vous aime avec fureur, prend votre défense avec violence, s'emballe pour vos projets avec une ardeur dévastatrice... Chaleureux, fulgurant, volubile, ce météore incandescent vous entraîne dans son sillage incendiaire. Son fol élan vous électrise, vous galvanise, vous épuise même, à force. Mais de cette fatigue éblouie qui suit l'enthousiasme assouvi.

ILS LUI RESSEMBLENT : *l'ardent, le fervent, le fougueux.*

PATIENT

D'un calme stoïque

Un sage pétri de courage. Un philosophe qui tient la bride haute à ses désirs. Maître de lui, de ses instincts, de ses pulsions, il prend sa vie en main ; il la gouverne avec un calme, une persévérance, une rectitude dignes de tous les éloges. Son attitude posée, réfléchie, lui permet d'affronter les difficultés avec un flegme impassible et d'accepter vos travers avec une souriante indulgence. Il existe un mot pour dire sa force d'âme exceptionnelle : la longanimité. Un mot étiré, ténu comme une note. Stoïque, l'homme patient va son chemin et suit sa partition sans éclats ni colère, sans soupirs superflus.

ILS LUI RESSEMBLENT : *l'inlassable, le placide.*

PÉDANT

Précieux ridicule

Molière – qui lisait à livre ouvert les travers du genre humain – a dressé de savoureux portraits de ces personnages qui affichent leur culture jusqu'au ridicule. Le pédant pérore. Prétentieux, outrecuidant, il étale son savoir à n'en plus finir. Regardez-le qui se rengorge, qui débite du Shakespeare avec des roulements de gorge et des ronds de jambe. S'il s'en tenait là, l'on en pourrait sourire. Mais il faut encore que ce donneur de leçons nous prêche la bonne parole, nous accable de son mépris. Et là, c'en est trop. Le pédant sermonneur nous échauffe les oreilles. Traitons-le de cuistre : lui sait le sens cuisant de ce substantif.

ILS LUI RESSEMBLENT : *le bas-bleu, le cabot, le poseur.*

PERVERS

Esprit tordu

Un individu qui persiste à se fourvoyer dans les pires directions. Il fourrage dans les bas-fonds, fourgonne dans les culs-de-basse-fosse, fouine dans les marécages nauséabonds, furète dans des fouillis fangeux... Se rouler dans la boue et vous y enfouir à votre tour, voilà le passe-temps dont il raffole. Il y prend un malin plaisir, un plaisir sale, putride, pestilentiel. Chez le pervers, l'attraction du mal est plus forte que l'attraction terrestre. Fasciné par le vice, il s'y vautre avec volupté. Un malade. Méchamment tordu.

ILS LUI RESSEMBLENT : *le dépravé, le vicieux.*

PES   DICTIONNAIRE DES VICES ET VERTUS

PESSIMISTE

Tous les désespoirs sont permis

Le pessimiste flirte avec le pire. Il n'attend rien de bon d'aujourd'hui, se défie de demain, redoute l'avenir comme la peste. Les famines, les guerres, les épidémies du passé lui donnent raison. Vaccins, antibiotiques, armes nucléaires n'y changeront rien – bien au contraire. Le malheur est inscrit en lettres de feu au firmament du genre humain. Pleurez et gémissez, bonnes gens, la douleur est notre lot. Ainsi pense le pessimiste, le front bas, le cœur las. Hélas, il n'a pas complètement tort. Mais son point de vue est bien lourd à porter. Haut les cœurs ! Le bonheur existe, aussi vrai, tellement plus gai que le malheur. Et puis, le pire, on peut aussi en rire !

ILS LUI RESSEMBLENT : *l'alarmiste, le défaitiste, l'oiseau de mauvais augure.*

PHILANTHROPE

Humain très humain

Bienveillant, cet humain-là fait confiance à l'humanité. Désintéressé, il nous prête volontiers son concours et vole à notre secours sans rien attendre en retour. Son comportement devient rare. On le rencontre surtout dans des phrases négatives : « Nous ne sommes pas des philanthropes ! »

Aujourd'hui, tout se paie. C'est donnant-donnant. L'on peut toutefois identifier quelques beaux spécimens de philanthropes – dits bénévoles – qui se dépensent sans compter au service de l'homme dans les associations caritatives ou les missions humanitaires. Tirons-leur notre chapeau. Leur gracieux dévouement mérite admiration et gratitude.

ILS LUI RESSEMBLENT : *le dévoué, le secourable.*

PLACIDE

Eau dormante

Un individu lisse et serein, lumineux et paisible comme un étang au clair de lune. Un être doux, reposant, rassurant. Près de lui, on se sent confortable. On chemine à ses côtés, tranquille, sans craindre ni faux-pas fatal ni croc-en-jambe retors. Il distille l'atmosphère quiète, en demi-teinte, d'un paysage de campagne au crépuscule. Quand la grosse chaleur s'assoupit, quand les hirondelles s'apaisent dans le vent frais, quand le bien-être monte en nous.

ILS LUI RESSEMBLENT : *le décontracté, le flegmatique.*

POINTILLEUX

Maniaque du détail

Un minutieux scrupuleux. Un puriste obsédé par le souci du détail. Un perfectionniste tenaillé par les exigences de la belle ouvrage. Tout ce qu'il fait, il le fait à merveille, comme s'il devait mourir demain. Il pose, exactement là où il faut, tous les points sur tous les *i*. Tire ses traits à la règle, trace ses ronds au compas, fait son lit au carré. Tiré à quatre épingles, raie impeccable, pas une mèche ne dépasse, il lisse ses épis au gel, rogne ses ongles à la lime. Il secoue longuement ses carpettes, rince quatre fois la salade ou ses petites culottes... Il en fait trop, dites-vous ? Point du tout ! Il s'applique. Un point, c'est tout.

ILS LUI RESSEMBLENT : *l'exigeant, le méticuleux, le soigneux.*

PONDÉRÉ

É-qui-li-bré

Patient (voir à patient) et placide (voir à placide). Un calme. Qui pèse le pour et le contre, et jamais ne s'emballe. Un sage. Égal d'humeur. Jamais un mot plus haut que l'autre. Sans passion superflue (voir à passionné). Sans excès d'humour, d'originalité, de fantaisie, de folie. Il n'est jamais « trop ». Jamais « pas assez ». Un être parfaitement équilibré. Tout à fait stable.

ILS LUI RESSEMBLENT : *le mesuré, le modéré, le raisonnable.*

POSSESSIF

Abusivement exclusif

S'il vous aime, gare à vous ! Vous ne vous appartenez plus. Vous êtes sa propriété privée, sa chasse gardée exclusive. Il fait ventouse. Jour et nuit, il se plaque contre vous, décrypte vos pensées, vos rêves, vos espoirs, vos idées noires, avec la rigueur d'un électrocardiogramme. Sensation terrible ! Jamais personne ne vous aimera avec cet acharnement, c'est le bon côté des choses. Mais jamais non plus il ne vous lâchera les baskets. Et là, nous nous trouvons au cœur du très mauvais côté des choses. Le possessif vous dépossède de vous-même. Et cela est inacceptable.

ILS LUI RESSEMBLENT : *l'accapareur, le jaloux.*

PRAGMATIQUE

Un chat est un chat

Le pragmatique a l'esprit terriblement pratique. Il énonce les faits avec un prosaïsme scientifique irréprochable. L'esprit poétique, épouvanté, s'enfuit devant les évidences qu'il profère. Un chat est un chat. Jusque-là, on est d'accord (sauf si ce chat est l'amour de notre vie). Une étoile filante n'est jamais qu'un météorite qui traverse l'atmosphère : une chose morte venue du ciel s'enterrer dans notre terre. À quoi bon faire un vœu devant un phénomène purement physique ? Le pragmatique présente l'avantage indéniable de remettre les choses à leur juste place. Mais on lui en veut de briser nos rêves.

ILS LUI RESSEMBLENT : *le matérialiste, le terre à terre.*

PRÉSOMPTUEUX

Frère jumeau du prétentieux

Tous deux en rajoutent. L'un se croit plus fort qu'il n'est. L'autre nous le donne à croire. Et nous, nous avons comme le pressentiment qu'il y a erreur sur la personne. Non mais, pour qui se prennent-ils ? Et pourquoi le prennent-ils de si haut ? Qu'ils prouvent d'abord leurs mérites, ces vaniteux maniérés, ces « chochottes » qui se plaisent à nous faire passer pour de pauvres cloches. Non mais des fois !

ILS LUI RESSEMBLENT : *l'arrogant, le suffisant.*

Giton a le teint frais, le visage plein
et les joues pendantes, l'œil fixe et assuré,
les épaules larges, l'estomac haut,
la démarche ferme et délibérée.
Il parle avec confiance ; il fait répéter
celui qui l'entretient, et il ne goûte
que médiocrement tout ce qu'il lui dit.
Il déploie un ample mouchoir et se mouche
avec grand bruit ; il crache fort loin,
et il éternue fort haut. Il dort le jour,
il dort la nuit, et profondément ;
il ronfle en compagnie. Il occupe à table
et à la promenade plus de place qu'un autre.
Il tient le milieu en se promenant avec ses
égaux ; il s'arrête, et l'on s'arrête ;
il continue de marcher, et l'on marche :
tous se règlent sur lui.

Il interrompt, il redresse ceux qui
ont la parole : on ne l'interrompt pas,
on l'écoute aussi longtemps qu'il veut parler ;
on est de son avis, on croit les nouvelles
qu'il débite. S'il s'assied, vous le voyez
s'enfoncer dans un fauteuil,
croiser les jambes l'une sur l'autre,
froncer le sourcil, abaisser son chapeau
sur ses yeux pour ne voir personne,
ou le relever ensuite, et découvrir son front
par fierté et par audace.
Il est enjoué, grand rieur, impatient,
présomptueux, colère, libertin,
mystérieux sur les affaires du temps,
il se croit des talents et de l'esprit.

J. de La Bruyère, *Les Caractères.*

PROTECTEUR

Moi, Tarzan !

Auprès du protecteur, on se sent délicieusement vulnérable. « Lui y en a être Tarzan. Lui y en a vouloir protéger nous de tous ses gros biceps costauds. Nous pas avoir peur. Lui être là pour veiller au grain. » Quelle sensation délectable ! Sous son aile, rien de mal ne peut nous arriver. Rien tout court, d'ailleurs. L'ennui du protecteur, c'est qu'il nous délivre du devoir de livrer nos propres combats. Et l'on finit par se sentir à peu près aussi vivant, aussi autonome, qu'un chewing-gum inlassablement mâchouillé par ses mâchoires d'acier.

ILS LUI RESSEMBLENT : *l'ange gardien, le chien de garde.*

DICTIONNAIRE DES VICES ET VERTUS

PROVOCATEUR

Nerf de la guerre

Un excité qui nous agite sous le nez le dra-
peau rouge de la révolte. Il nous allume,
nous titille, plante ses banderilles, joue
avec nos nerfs, se démène comme un beau
diable pour nous faire sortir de nos gonds.
« Allez, allez, nous défie-t-il, montrez un
peu ce que vous avez dans les tripes ! »
C'est un meneur, un chahuteur de première.
Un rebelle en guerre perpétuelle contre
l'ordre établi. Il trimballe avec lui le brûlot
de la discorde, semant dans son sillage
émeutes, mutineries, pillages, violences et
troubles en tous genres.

ILS LUI RESSEMBLENT : *l'excitateur, le factieux, le tru-
blion.*

PRUDENT

Sur ses gardes

Un sage qui tourne sa langue sept fois dans sa bouche avant de parler. Cette minutieuse gymnastique lui donne tout le temps nécessaire pour peser ses mots au milligramme près. Sa démarche particulière mérite aussi l'attention : il prend toujours un peu de recul avant de se lancer dans l'action. Ce qu'il fait ensuite à pas mesurés, se gardant à droite et à gauche tout en surveillant ses arrières. Qu'il se tienne ainsi à carreau ne l'empêche pas d'agir en homme de cœur, discret et attentif. Un proverbe, d'ailleurs, atteste que cet homme avisé en vaut deux.

ILS LUI RESSEMBLENT : *le circonspect, le réfléchi.*

PURITAIN

Incorruptible

Inutile de lui chercher des poux dans la tête : vous n'en trouverez pas ! Vous ne réussirez sans doute jamais à le prendre en défaut. D'une honnêteté scrupuleuse, ce vertueux personnage ne s'accorde aucune faiblesse. Pur et dur, il exige de lui-même une attitude selon lui irréprochable. Ses principes rigides, son sens des convenances, sa conscience morale terriblement aiguisée, lui donnent un aspect un peu glacé. Avec lui, toute familiarité semble déplacée. En sa présence, nos mots d'amour se coincent dans notre gorge. Par prudence, on garde aussi les mots d'humour sur le bout de la langue.

ILS LUI RESSEMBLENT : *l'austère, le pudibond, le rigide*.

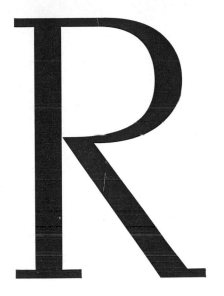

RADIN

Tout près de ses sous

Le mot est familier ; le personnage aussi.
Le radin a beau racler ses fonds de tiroir-
caisse, il n'a jamais de quoi nous offrir une
glace à la pistache. Une autre fois, peut-
être ? Il a du cœur, mais plutôt du côté de
son porte-monnaie. Il dépense énormé-

ment de salive pour obtenir un rabais, gas-
pille sans compter son temps et son énergie pour rabioter ici et là pesetas,
picaillons et autres petits profits. Un peu
grippe-sou à notre goût. Tant qu'il ne verse
pas dans l'avarice sordide, on sourit de son
sens exacerbé de l'économie.

ILS LUI RESSEMBLENT : *le pingre (fam.), le rapiat
(fam.).*

RAISONNEUR

Il cause, il cause !

Un penseur qui pense tout haut. Cela donne un enchaînement vertigineux de jugements à l'emporte-pièce, d'idées toutes faites, de vertes répliques truffées d'objections et d'arguments imparables, d'excuses cousues de fil blanc, de calculs tordus... Quel embrouillamini ! Impossible d'en placer une ! Du reste, devant son déluge verbal, on ne s'entend plus penser. De raisonneur à radoteur, d'ergoteur à empoisonneur, il n'y a qu'un pas. Hélas, trop vite franchi !

ILS LUI RESSEMBLENT : *le chicaneur, le ratiocineur.*

RÂLEUR

Bavard grognon

Roi de la contestation, premier prix de mauvaise humeur, il rouspète comme il respire. C'est sa façon à lui de s'épancher, de s'exprimer, de s'affirmer. Il se sent plus vivant dès qu'il nous prend à rebrousse-poil. Son ciel est plus bleu quand il tempête. Voilà pourquoi ce rugueux s'échine à nous chercher noise. Alors, on s'esquive... Tout seul, pourtant, il marmonne encore en sourdine, bourre son oreiller de coups de poing, claque sa porte. Endormi, il grince des dents pour aiguiser ses âpres propos du lendemain.

ILS LUI RESSEMBLENT : *le grognon, le ronchon (fam.), le rouspéteur (fam.).*

RANCUNIER

Cœur ranci

Dans sa mémoire trouée comme une écumoire, il laisse filer aux oubliettes vos mots gentils, vos prévenances, vos attentions... pour filtrer précieusement la moindre insulte, la plus légère indélicatesse et jusqu'aux injustices les plus minces. Il laisse mariner longuement le tout dans un bouillon de rancœur tenu à feu vif. Cuisinier maudit, le rancunier touille à plaisir son ragoût rance où flottent les débris recuits de ses cuisants ressentiments. De sa marmite saumâtre s'échappe un fumet d'aigre hostilité mêlé à de virulents relents de vengeance.

ILS LUI RESSEMBLENT : *le revanchard, le vindicatif.*

REBELLE

Battant insoumis

Le joli mot que voilà ! Et tant pis si l'étymologie nous renvoie à *bellum* (qui signifie « guerre ») plutôt qu'à « belle ». C'est pourtant vrai que le rebelle se rebiffe, se révolte et repart toujours en guerre. Mais son combat est beau et belle est sa querelle. C'est un personnage en quête d'absolu, un Don Quichotte qui refuse de s'en laisser conter par les moulins à vent. Moudre toujours la même vieille farine ? Le rebelle n'en a cure. Il se bat pour que dure la beauté, pour que la spontanéité perdure. Un être frais. Franc. Franchement excessif. Franchement insoumis. Mais franchement sympathique.

ILS LUI RESSEMBLENT : *le dissident, l'indomptable.*

RENFERMÉ

Escargot dans sa coquille

Un être souvent riche et intense, mais sauvage et secret. Comme l'huître ou l'escargot, il se recroqueville dans sa coquille et cache sous sa carapace des sentiments ardents. Il fait aussi penser à un iceberg. Vu de l'extérieur, il manque de chaleur. Toute sa vie intérieure se calfeutre en profondeur. Pour l'aborder, il faut d'abord rompre la glace. Si vous parvenez à faire fondre sa timidité bourrue, ce renfrogné peut se métamorphoser en pur trésor.

ILS LUI RESSEMBLENT : *l'introverti, le secret.*

RÉSERVÉ

Le charme discret de la modestie

Un personnage d'une rare élégance. Son cœur vaut de l'or, mais ce sera à vous de le deviner. Il n'est pas du genre à afficher sa valeur. Au contraire de la verroterie de pacotille qui étale un lustre clinquant, ce bijou-là brille par sa sobriété. Si c'était une maison, ce serait une chaumière dissimulée sous un rideau de lierre. Rien de tape-à-l'œil dans sa façade, pas d'enseigne aguicheuse. Dans cet humble logis, si d'aventure vous y faites halte, vous coulerez pourtant les jours les plus doux de votre vie.

ILS LUI RESSEMBLENT : *le discret, le pudique, le sobre.*

RÊVEUR

Vagabond somnambule

On ose à peine y toucher. Il n'a pas l'air vrai. Il a cet air distrait du somnambule qui erre en funambule à la lisière d'un toit au clair de lune. Sa réalité semble tissée dans l'étoffe des songes. Il a l'intensité d'un héros romantique. De ces êtres que l'on croise dans un roman. Leur personnalité n'en finit pas de faire des ricochets dans le cœur du lecteur. Ils résonnent doux et fort. Mais ils nous glissent entre les doigts, nous échappent. Comment prendre le rêveur dans nos filets ? Autant pêcher un reflet d'étoile !

ILS LUI RESSEMBLENT : *le pensif, le songeur.*

RÉVOLTÉ

Rebelle en colère

Il ressemble au rebelle comme un frère. Avec plus de violence et de virulence. C'est un rebelle habité par un ras-le-bol indigné, exaspéré. Un rebelle survolté, soulevé par des houles de colère, des flots de fureur. Il crie, il cogne, il casse.

Il ne croit plus à la douceur des choses. Tant pis pour tout, tant pis pour la tendresse. Il met le feu aux poudres, il faut que ça flambe. Le révolté pratique la politique de la terre brûlée. Frustré de toute espérance, faute de bonheur, cet insurgé préfère faire sauter la planète. Et lui avec.

ILS LUI RESSEMBLENT : *le mutiné, le révolutionnaire, le séditieux.*

ROMANTIQUE

Fugueur déchiré

Un ange en exil. Son pays est ailleurs. La terre est trop lourde, trop dense pour lui. Elle tire sur ses ailes de lumière, l'aspire comme une ancre. Il était fait pour voler dans l'azur infini, éthéré. Le quotidien l'ennuie, le réel le terrifie. Il porte en lui, comme une morsure, le déchirant souvenir de paysages beaux à en mourir où des êtres parfaits vivaient des amours sublimes. Il traîne son mal de vivre, rêve d'une vie autre, vaste et pure et cristalline. Il en vient même parfois à rêver d'une mort fulgurante. Une mort si belle qu'elle lui rendrait son état d'ange, son paradis perdu.

ILS LUI RESSEMBLENT : *le lyrique, le sentimental.*

RUSTRE

Mal dégrossi !

Un mal élevé mal lavé qui débarque avec ses gros sabots et en rajoute dans le genre lourd. Il interrompt sans vergogne une conversation à cœur ouvert pour déverser sa charrette de fumier. C'est un plouc, un péquenot, un pignouf qui étale des tonnes de sentiments grossiers et vulgaires, se vautre dans le purin. Surtout, n'allez pas confondre : il n'exerce pas une seconde le beau métier de paysan. Tout au contraire. Il l'avilit. Au lieu de fertiliser, il pollue, démolit, anéantit. Et cela, nous ne le lui pardonnerons pas !

ILS LUI RESSEMBLENT : *la brute, le butor, le goujat.*

SADIQUE

Pour un monde cruel

Un individu pervers que la souffrance d'autrui émoustille. Rien de tel que notre malheur pour faire son bonheur. Au besoin, il le provoque, bien sûr ! Il possède tout un arsenal d'instruments de torture pour favoriser sa volupté : des épingles acérées pour piquer notre amour-propre ; un couteau bien aiguisé à remuer dans nos plaies ; un fer à repasser toujours branché pour nous humilier de la façon la plus cuisante... La jouissance du sadique atteint des sommets inégalés quand il peut faire du mal à de pauvres petites choses sans défense.

ILS LUI RESSEMBLENT : *le cruel, le diabolique.*

SAGE

Il sait

L'homme sage a tout compris. Il sait que la vie n'est qu'un passage entre deux mondes inconnus : un « avant » mystérieux et un « après » que nul ne maîtrise. Il sait que le mieux qu'il puisse faire est de se bien conduire tout au long de cet intermède. Pour cela, il n'a nul besoin de Jaguar, de Rolls-Royce ni de Ferrari. Nul besoin de fric à jeter par les fenêtres, de fringues démentes, de passions dévorantes. Il s'efforce simplement de penser juste et de marcher droit, la tête haute. Avec lui, vous êtes tranquille : il ne vous fera pas la morale. Il est moral. Simplement. Dignement.

ILS LUI RESSEMBLENT : *le juste, l'homme de bien, le sensé.*

SÉDUCTEUR

Charme ravageur

Au beau milieu d'une foule compacte, sa simple présence vous captive. Au premier regard vous tombez dans ses filets. Ébloui, émerveillé, fasciné, vous vous sentez tout fondu d'amour, le cœur ramolli, sans défenses. Prince charmant ou sirène enjôleuse, cet ensorceleur n'a nul besoin d'être beau pour vous plonger dans le ravissement. Il émet des ondes magnétiques qui provoquent en vous une faiblesse exquise. Vous brûlez de tomber dans ses bras pour y demeurer la vie entière... Autant le rencontrer sur une île déserte : ce charmeur exerce des ravages. Son sillage est pavé de cœurs innocemment brisés.

ILS LUI RESSEMBLENT : *le Don Juan, le tombeur.*

SENTIMENTAL

Roi de cœur

Un grand tendre. Rêveur. Sensible. Ému pour un rien. Blessé par trois fois rien.

Vivre avec lui une histoire d'amour, c'est plus beau que dans les livres, plus vibrant qu'au cinéma. Lui faire du mal, c'est déloyal. Il est si vulnérable ! Comme le romantique, il porte en lui le désir fou d'un monde idéal où l'homme serait doux pour l'homme. Où les raisons du cœur l'emporteraient sur la raison. Où l'amour fou durerait follement, durerait toujours... Souvent, il vit à rebrousse-temps, au pays de ses souvenirs, qu'il embellit tout à loisir.

ILS LUI RESSEMBLENT : *le fleur bleue, le romanesque.*

Il avait la parole facile et banale,
du charme dans la voix,
beaucoup de grâce dans le regard
et une séduction irrésistible
dans la moustache.
Elle s'ébouriffait sur sa lèvre,
crépue, frisée, jolie, d'un blond
teinté de roux avec une nuance
plus pâle dans les poils hérissés
des bouts.

G. de Maupassant, *Bel-Ami.*

SOCIABLE

Salut les copains !

Gentil membre de la société tout entière, l'être sociable distribue à tout va bisous, bourrades, saluts décontractés, clins d'œil complices, sourires chaleureux et tendres accolades. Il aime les gens et souhaite que les gens l'aiment. Quoi de plus naturel ? Dans son souci de séduire et conquérir le cœur d'autrui – de tous les autruis –, sa chaleur humaine reste tout à fait réelle. La plus grande partie de l'humanité y trouvera son compte. Mais ses amis de cœur penseront parfois qu'il galvaude un peu son affection. Ils voudraient, eux, que l'être sociable les aime différemment. Mieux. Plus fort que les autres.

ILS LUI RESSEMBLENT : *le convivial, l'engageant, le liant.*

SUSCEPTIBLE

Chatouilleux

Un grand, grand, grand sensible. Qui en prend plein la gueule à plein temps, ou presque, tant son amour-propre est fragile. Un individu en soie, à manipuler avec d'infinies précautions. Un rien le froisse. L'ombre d'une rumeur l'égratigne, un mot malheureux le transperce, le plus minuscule soupçon de reproche l'écorche vif. Il a si peur qu'on le blesse à l'improviste qu'il en vient à nous provoquer. Ombrageux, meurtri, c'est une victime toute désignée pour les gaffeurs ou les railleurs, les caustiques ou les sadiques, les belliqueux ou les grincheux.

ILS LUI RESSEMBLENT : *l'irritable, le sensible, le vulnérable.*

TACITURNE

Pas causant

Il a l'air morne et l'œil morose. Il ne dit pas grand-chose. C'est un être effacé, une ombre. On ne sait jamais trop s'il se tait parce qu'il pense tout court ou parce qu'il pense du mal de nous. Parce qu'il n'a rien à dire, ou parce qu'il a trop à dire. Son silence reste une énigme. Il a l'indéniable mérite de faire peu de bruit. Pourtant, il ne passe pas vraiment inaperçu. Disons plutôt qu'il passe comme un ange dans la conversation. Sa simple présence nous rend tout chose.

ILS LUI RESSEMBLENT : *le fermé, le renfrogné, le sombre.*

TÊTU

Une bûche, une souche

Tête de bois, tête de mule, tête de pioche, ce cabochard persiste et signe dans ses intentions, ses opinions, ses décisions. Il s'accroche à ses idées, se bute dans ses caprices, s'encroûte dans ses erreurs et n'en démordra pas. Inutile d'user votre salive pour tenter de le faire changer d'avis. Il ne veut rien entendre, il ne veut pas le savoir, c'est comme ça, point final. D'ailleurs, le têtu est sans doute l'individu qui use – et abuse – le plus du point final. Avec lui, quand c'est fini, c'est fi-ni. Définitivement. Irrévocablement.

ILS LUI RESSEMBLENT : *le buté, l'intraitable, le récalcitrant.*

TOLÉRANT

Bienvenue à tous !

Au pied de la lettre, l'individu tolérant se contente d'admettre, d'accepter, de respecter votre différence. Oui, pas de problème, il est d'accord pour que vous ayez d'autres idées, d'autres coutumes, d'autres envies. Cette qualité-là, déjà, vaut de l'or. Mais le tolérant fait plus. Il va plus loin. Il s'intéresse vraiment à vos opinions qui, pourtant, divergent des siennes. Il vous laisse vivre votre vie, et vous donne, en prime, le maximum de compréhension, de sympathie, d'amour. Que lui demander de plus ? Qu'il vive longtemps, croisse et se multiplie !

ILS LUI RESSEMBLENT : *le compréhensif, le généreux, le libéral.*

TYRANNIQUE

Maniaque du pouvoir

Quand il dit « moi », on entend « roi ». Pire : quand il dit « tu », on entend « tue ! » Hélas, oui, si vous ne vous soumettez pas à ses volontés, le tyran vous brise, vous casse, vous détruit. Il faut le comprendre : plus il vous persécute, plus il se sent puissant, plus il jubile. C'est son truc ! À l'opposé du tolérant, il n'admet qu'une différence : la sienne. On devrait l'envoyer sur une île déserte où il régnerait en monarque incontesté sur les fourmis, les piranhas, les alligators. Là, on serait d'accord. Mais qu'il nous brime, nous, et nous opprime – simplement parce que tel est son bon plaisir –, on dit : non !

ILS LUI RESSEMBLENT : *le facho (fam.), l'oppresseur, le persécuteur.*

VANDALE

Casseur obtus

Cet ostrogoth n'a rien d'un gentil sauvage. Ce n'est pas par inadvertance, mais par malveillance qu'il arrache vos edelweiss rarissimes comme de vulgaires pissenlits. La culture, d'accord, n'est pas son fort. Mais pourquoi diable a-t-il besoin de

labourer votre moquette avec ses chaussures à crampons crottées ? Pourquoi lui
faut-il sans cesse casser, détruire, dévas-
ter ? Ce benêt brutal a gros comme un petit
pois de cervelle. Dans sa tête, la jugeotte
ainsi compressée laisse une place folle à
une méchanceté gratuite, imbécile, obsti-
née.

ILS LUI RESSEMBLENT : *le casseur, le dévastateur.*

VANTARD

Jacteur et poseur

Le sujet favori de ce gros fat, c'est lui. Il n'en revient pas, il s'émerveille d'être si... si... allez trouver les mots pour le décrire ! Lui-même y perd son latin. Ce vaniteux est trop beau pour le mot « beau ». Il a beaucoup trop d'esprit pour que le qualificatif « intelligent » lui arrive à la cheville. Sportif, sympa et séduisant, évidemment. Surinformé, supercultivé, hyperdégourdi, mégabricoleur, maxicompréhensif et psychologue en diable... il a tout, tout, tout pour nous enchanter, nous bouleverser, nous filer des complexes d'infériorité. Tout, sauf son absence – redoutable – de complexes !

ILS LUI RESSEMBLENT : *l'esbroufeur, le m'as-tu-vu, le tartarin.*

VELLÉITAIRE

Il abuse du conditionnel

S'il pouvait... il en ferait, des choses ! Pétri de bonne volonté, il lui manque la volonté tout court. Il ne l'avouera pas. Ce sera à vous de le deviner, au bout d'un certain nombre de promesses conditionnelles. Il repeindrait très volontiers votre chambre si seulement il avait le temps, le talent, un pinceau, ou votre clé. Il ferait gentiment la vaisselle s'il trouvait le produit adéquat, et à condition que le téléphone ne sonne pas au moment précis où il tourne le robinet d'eau chaude. Le velléitaire a un cœur d'or. Mais pas les moyens d'assumer ses excellentes intentions.

ILS LUI RESSEMBLENT : *l'indécis, l'irrésolu, le mollasson (fam.).*

VIOLENT

Pour la manière forte

Ce n'est pas son genre de faire dans la dentelle. Il est plutôt du genre brutal. Du genre qui crie, cogne, trépigne. Qui défend ses intérêts l'arme au poing, impose son point de vue à coups de pied ou d'un grand coup de gueule. Voilà pour le violent évident : furieux, emporté, colérique, on le repère de loin. On essaie de se faire tout petit pour lui échapper. Ou bien on serre les poings pour lui rentrer dans le lard. Il existe aussi des violents plus traîtres. Sous des airs patelins, ceux-ci violent notre intimité pour exercer sur nous l'odieuse tyrannie du chantage affectif. Ces brutes camouflées sont les plus dévastatrices.

ILS LUI RESSEMBLENT : *le forcené, le véhément, le venimeux.*

VOLONTAIRE

Déterminé à mort

Dans un polar, c'est le flic déterminé à mettre le tueur en série sous les verrous. Il se gèlera des nuits entières sous une porte cochère, se fera larder de coups de couteaux, perdra tout son sang. Aux trois quarts mort, il pourchassera encore sa proie et ne rendra l'âme qu'après lui avoir passé les menottes tout en lui récitant dûment ses droits. Dans la vie ordinaire, c'est un être pugnace qui accomplit de bout en bout – vaille que vaille et coûte que coûte – ce qu'il a décidé. À force de serrer les dents, il a la mâchoire musclée à mort.

ILS LUI RESSEMBLENT : *l'acharné, le déterminé, le tenace.*

ZÉLÉ

À corps perdu

Avec un nom pareil, ce chevalier intrépide, cet ardent défenseur des grandes causes, ne peut être qu'un fougueux et bouillant parent du fameux Zorro. Consumé par la fièvre, il se lance à corps perdu dans une guerre infatigable contre la médiocrité du monde. Il pourfend les méchants, provoque le diable et son train d'assassins, protège avec feu la veuve et l'orphelin. Que son combat soit religieux ou humanitaire, qu'il prêche la survie des baleines, la lutte contre le sida, la sauvegarde des enfants maltraités ou des vieillards en détresse, l'épée de ce preux crache des flammes.

ILS LUI RESSEMBLENT : *le dévoué, le fervent.*

Photogravure de la couverture ARG
Achevé d'imprimer sur les presses de Bussière Camedan Imprimeries
à Saint-Amand-Montrond
Dépôt légal : 3e trimestre 1996
No d'éditeur : 1433. No d'impression : 4/808
ISBN 2.841.46.363.X